Beate M. Weingardt

Über den Neid hinauswachsen

Kleine Bücher zu großen Themen

Beate M. Weingardt

Über den Neid hinauswachsen

scm R.Brockhaus

Herausgeber der Reihe
„Kleine Bücher zu großen Themen“:
Anja und Martin Gundlach

Umschlag: Krauß Werbeagentur, Herrenberg
Satz: Brelumer Print-Service, Breklum
Druck: Finidr s.r.o., Tschechien
ISBN: 978-3-417-24993-4
Bestell-Nr.: 224.993

INHALT

Was ist Neid eigentlich?

„Neid – das kenne ich nicht!" Wer so redet, ist nicht ganz ehrlich oder hat ein schlechtes Gedächtnis, denn zumindest in der Kindheit waren wir alle mal neidisch – wenn nicht auf den Bruder oder die Schwester, dann auf Mitschüler, Altersgenossen, Nachbarskinder usw. Neid gehört von Geburt an zum Gefühlsleben des Menschen, es muss ihm nicht erst beigebracht werden, neidisch zu sein. Ja, auch alte Menschen können ausgesprochen neidvoll reagieren, wie ich bei meiner Arbeit als Seelsorgerin in einem Altenheim oft erlebt habe: „Frau Mayer bekommt immer als Erste ihr Essen serviert!" – „Bei Herrn Müller kommt gleich jemand, wenn er klingelt, bei mir nicht!" – „Frau Schneider empfängt so viel Besuch – zu mir kommt niemand!" – „Frau Winklers Tochter wohnt in der Nähe, meine wohnt in Amerika!" – Solche und viele andere Klagen, die ich dort gehört habe, zeigten mir: Solange ein Mensch wahrnehmen und denken kann, vergleicht er sich mit denen, die um ihn herum sind. Und solange ein Mensch sich vergleicht, *bewertet* er auch das, was er dabei feststellt. Und aus dieser Bewertung entspringt das vorherrschende Gefühl. Entweder man empfindet ein Gefühl der Zufriedenheit, weil man es „im Vergleich“ mit dem/den anderen doch eigentlich ganz gut hat, oder man erlebt ein Gefühl der Unzufriedenheit, weil man in diesem Vergleich den Kürzeren zieht. Von der Unzufriedenheit zum Neid ist es dann nur noch ein kleiner Schritt. Man kann auch sagen: Die beiden sind Geschwister.

Zwei Voraussetzungen sind also immer notwendig, damit Menschen das Gefühl des Neides empfinden:

- Sie müssen beobachten, wahrnehmen, vergleichen.
- Sie müssen, was den Vergleichspunkt betrifft, unzufrieden sein.

Was ist Eifersucht?

Neid und Eifersucht sind eng verwandt, doch gibt es zwei prägnante Unterschiede zwischen den beiden Gefühlen:

- Zum Neid gehören zwei: ein Neider und ein Beneideter (wobei es sich bei denen, die man beneidet, auch um eine Gruppe handeln kann, z. B. „die Rentner“, „die Singles“ usw.). Zur Eifersucht gehören hingegen drei (oder mehr) Beteiligte: „Ich bin eifersüchtig, weil du etwas mit einer dritten Person teilst, ihr etwas zukommen lässt, von ihr etwas bekommst, was eigentlich mir zusteht …“ – Eifersuchtsgeschichten sind Dreiecksgeschichten!

- Neid setzt voraus, dass der andere etwas besitzt, was man *nicht hat.* Eifersucht entsteht hingegen dann, wenn ich Angst habe, etwas zu *verlieren, was ich besitze* und was mir sehr wertvoll ist, z. B. die Vorzugsstellung als (einziges) Kind oder die Sonderstellung beim Partner. Man kann sagen: Mit Neid reagieren wir auf einen vorhandenen Mangel in unserem Leben, mit Eifersucht reagieren wir auf eine Bedrohung – nämlich auf die Bedrohung, dass uns ein Mangel entstehen könnte (indem beispielsweise der Partner sich jemand anderem zuwendet und uns verlässt, oder indem wir bei der nächsten Beförderung übergangen werden).

Die Problematik des Vergleichens

Dass wir Menschen uns mit anderen vergleichen, kann durch nichts aus der Welt geschafft werden. Das ist auch gar nicht notwendig, denn dieses Vergleichen kann, wie wir noch sehen werden, in vielen Fällen auch positiv anspornen.

Keine Frage: Der Mensch als soziales Wesen lebt in seiner eigenen Entwicklung ein gutes Stück vom Vergleichen. Allerdings sind wir, wenn wir uns mit jemandem vergleichen, oft wie Menschen, die ein Fernglas vor die Augen halten, um einen ganz bestimmten Punkt in ihrer Umgebung möglichst genau zu sehen. Einen Punkt oder Ausschnitt zu fixieren hat zur Folge, dass wir beim Vergleichen auch unbewusste „Sehfehler" machen – man könnte auch sagen, dass wir manches schlichtweg übersehen und ausblenden. Typische Sehfehler beim Vergleichen sind beispielsweise:

- Man vergleicht sich in der Regel nur nach „oben", d. h. mit jenen, die es (scheinbar) besser haben. Würden beispielsweise wir Deutschen uns mit dem Rest der Welt vergleichen, müssten wir uns eher vor dem Neid der anderen fürchten, weil wir in deren Augen immer noch eine Insel des Friedens, der Freiheit und des Wohlstands sind!

- Man vergleicht sich mit Vorliebe an den Stellen, an denen man meint, selbst *schlecht* weggekommen zu sein. Lebensbereiche, die man im Griff hat, werden ignoriert, weil man sie für selbstverständlich hält. Ein Beispiel: Vor einiger Zeit kam eine schwerbehinderte und dadurch in ihrem Leben sehr eingeschränkte Frau zu mir in die Beratung. Sie wusste sich nicht mehr zu helfen, weil ihre Schwester sie mit Neid und Eifersucht verfolgte. Diese warf ihr vor, dass sie, die Behinderte, als Kind viel mehr Zuwendung der Eltern bekommen hätte. Überhaupt hätte sie es viel schöner! Dabei hatte diese gesunde Schwester geheiratet und Kinder bekommen – ihrer behinderten Schwester war das alles verwehrt! Doch das alles sah die Gesunde nicht …
- Man macht sich nicht klar, dass man von dem anderen, mit dem man sich vergleicht, nur einen sehr kleinen Ausschnitt sieht. Man sieht beispielsweise die scheinbar glückliche Ehe der Nachbarin und ist überrascht, wenn man eines Tages erfährt, dass die Scheidung bevorsteht. Man sieht das scheinbar gut florierende Ge-

schäft und bekommt eines Tages mit, dass es Konkurs angemeldet hat … Man sollte sich deshalb beim Vergleichen immer in Erinnerung rufen: „Du siehst die Weste, nicht das Herz!"

Wenn wir uns beim Vergleichen ertappen, sollten wir uns immer die Frage stellen, ob wir dabei nicht in mindestens eine der drei aufgezählten Fallen gelaufen sind. Kein Wunder, wenn unsere Vergleiche dann zu unseren Ungunsten ausfallen!

Die Problematik der Unzufriedenheit

Der Same des Neides braucht den Boden der Unzufriedenheit, sonst kann er nicht aufgehen. „Etwas fehlt immer" – so könnte man den Seelenzustand der meisten Menschen hierzulande charakterisieren. Dieses Empfinden eines Mangels ist nicht nur negativ zu bewerten. Es ist der Hauptantrieb unserer Aktivitäten. Niemand würde sich um etwas bemühen, wenn es ihm nicht wichtig wäre, es zu erreichen oder zu bekommen. Und die meisten praktischen Erfindungen der Menschheit wurden gemacht, weil jemand mit irgendetwas unzufrieden war und sich darum bemüht hat, eine neue Lösung zu finden. Insofern ist Unzufriedenheit keinesfalls von vornherein etwas Schlechtes – es sei denn, sie wird zum *vorherrschenden Gefühl* eines Menschen oder gar zum seelischen Dauerzustand. Dann sollte allerdings die Alarmglocke läuten! Wenn man sich nämlich eine dauerhaft oder überwiegend unzufriedene Persönlichkeit genauer anschaut, stellt man fest: Sie macht in der Art und Weise, wie sie sich selbst, ihr Leben und ihre Umwelt betrachtet, ganz bestimmte Denkfehler, von denen ich hier nur die vier wichtigsten benennen möchte:

- Der unzufriedene Mensch sucht die Gründe seiner Unzufriedenheit in aller Regel am falschen Fleck. Er meint: „Wenn dieser Umstand anders wäre … wenn ich das hätte … wenn ich so wäre … wenn mir das abgenommen würde … – dann, ja dann wäre ich glücklich." Und auf diese Weise sorgt er dafür, dass er niemals zufrieden ist, denn entweder lässt sich an den Umständen nichts ändern, oder sie ändern sich, und schon ist es wieder etwas anderes, an dem sich die Unzufriedenheit entzündet, denn: „Ein jeder Wunsch, wenn er erfüllt, kriegt augenblicklich Junge!" (Wilhelm Busch)

- Der unzufriedene Mensch macht meist *andere Personen* für seine Situation und Seelenlage verantwortlich. Der zufriedene Mensch hat begriffen: „Ich kann die Menschen nicht ändern, aber ich kann *meinen Umgang mit ihnen oder meine Einstellung zu ihnen* ändern, dann geht es mir besser." Der unzufriedene Mensch dagegen lebt mit der tiefen Überzeugung: „Es ginge mir gewiss viel besser, wenn *du, ja du* anders wärst/dich anders verhalten würdest usw. An *dir* liegt es, dass ich so unglücklich bin!" Weil sich andere Menschen in den seltensten Fällen dazu bewegen lassen, so zu werden, wie wir sie gern hätten, zementieren viele Unzufriedenen ihr eigenes Unglücklichsein. Vor allem in engen Familienbeziehungen kommt diese Tragik sehr häufig vor.
- Der unzufriedene Mensch sieht alles negativ gefärbt. Unzufriedenheit ist wie eine grau getönte Brille, mit der wir uns, unsere Umwelt und die Umstände unseres Lebens betrachten. Achten Sie einmal auf Urlaubsschilderungen: Zufriedene Menschen betonen vor allem die schönen Erlebnisse, das weniger Erfreuliche wird kurz erwähnt, damit hat sich's. Unzufriedene hingegen

ergehen sich in langen Schilderungen all dessen, was nicht gut oder nicht nach Wunsch gelaufen ist, wo es Anlass zu Klage, Ärger und Empörung gab. Das Schöne hingegen wird kaum erwähnt. Als Zuhörer denkt man sich: „Egal, wo du gewesen wärst, du hättest garantiert ein Haar in der Suppe gefunden!“

- Der unzufriedene Mensch vermeidet es, sein Inneres zu erforschen. Wie die ersten drei „Fehler“ deutlich gemacht haben, ist der Unzufriedenheit nur dadurch wirksam zu begegnen, dass man die Ursachen nicht nur bei den anderen oder in den Umständen, sondern auch *bei sich selbst* sucht. Genau dieser Herausforderung weicht der Unzufriedene jedoch in der Regel beharrlich aus. „Der Weg, den die Menschen am meisten zu gehen scheuen, ist der Weg zu sich selbst“, hat Hermann Hesse einmal sinngemäß gesagt. Und natürlich haben die Menschen gute Gründe, diesen Weg nicht zu gehen – ist es doch zunächst viel einfacher, die Ursachen der Probleme nicht bei sich, sondern bei anderen zu suchen! Das erspart mühevolles Nachdenken, und vor allem erspart es unter Umständen bestürzende Entdeckungen, die man bei sich selbst machen könnte! Suchen wir nicht alle, wie Jesus es so anschaulich formulierte, deshalb lieber „den Splitter im Auge des Bruders“ als „den Balken im eigenen Auge“? Doch was uns kurzfristig entlastet, erweist sich langfristig als Bumerang: Wer sich scheut, in sich zu gehen, kommt nicht vom Fleck – weder in seinem persönlichen und spirituellen Wachstum, noch in der Verbesserung seiner Beziehungen, noch in der Lösung seiner Probleme!

Worauf kann man neidisch sein?

Die schlichte Antwort auf diese Frage lautet: *auf alles!* In der Tat gibt es wirklich nichts, worauf ein Mensch *nicht* neidisch sein könnte, sofern er der Meinung ist, dass ihm der Besitz dieses Gutes irgendeine Form von Glück oder Vorteil gewähren würde. Doch es gibt bevorzugte Ziele menschlichen Neides:

Materielle Güter

Die einfachste, naheliegendste und vermutlich auch häufigste Ursache für Neid sind Geldmittel, materielle Güter und Vorteile, die andere haben und die wir auch gern besäßen. Materielle Güter lösen deshalb besonders leicht Neid aus, weil man sie sieht (oder das, was daraus entsteht) und weil man sich von ihrem Besitz Glücksgefühle oder Vorteile anderer Art erhofft. Nicht zuletzt ist mit dem Besitz von Geld oder materiellen Gütern in der Regel auch Ansehen verbunden („Hast du was, dann bist du was"). Wobei der Verfeinerung und Veredlung dieser Güter („Luxusklasse") nach oben keine Grenzen gesetzt sind: Wer eine Yacht besitzt, kann immer eine noch größere Yacht kaufen; wer ein Haus hat, kann es immer noch luxuriöser ausstatten usw. Insofern kann der Besitzende auch immer den noch mehr Besitzenden beneiden.

Nichtmaterielle Güter

• *Privilegien*

Man kann Menschen auch darum beneiden, dass ihnen aufgrund der Zugehörigkeit zu einer bestimmten Gruppe (z. B. zu „den Beamten") oder aufgrund bestimmter Umstände manches möglich oder zugänglich ist, was einen selbst verwehrt bleibt. Freunde machen kostenlos Urlaub, weil sie das Ferienhaus von Freunden benutzen können, selber muss man das ganze Jahr auf den Urlaub sparen. Die Nachbarin arbeitet nur so viel, wie sie möchte, weil ihr Mann gut verdient; man selbst muss ganztägig arbeiten, weil das Einkommen des Partners nicht ausreicht oder weil man gar keinen Partner hat …

• *Erfolg*

„Beruflicher Erfolg“ ist eines der höchsten Ziele in unserer westlichen Gesellschaft, und dies gilt immer mehr nicht nur für Männer, sondern auch für Frauen. Deshalb löst Erfolg auch sehr leicht und sehr häufig Neid aus. Zu einem erfolgreichen beruflichen Werdegang kann vieles gehören: gutes Einkommen und Wohlstand, Aufstieg und Karriere, Macht und Einfluss. Erfolg wird sichtbar, wenn wir bestimmte wirtschaftliche Ziele erreichen oder hohe gesellschaftliche Positionen einnehmen bzw. bestimmten exklusiven Zirkeln angehören (Lions Club, Golfclub usw.). Viele Menschen zählen zum Erfolg auch vorzeigbare und beruflich erfolgreiche Kinder – kurzum alles, was in den Augen der Umwelt als Zeichen persönlicher Vorzüge und persönlicher Tüchtigkeit gilt.

• *Bevorzugt oder begünstigt werden*
Wenn andere bei bestimmten Personalentscheidungen bevorzugt werden (eine Sonderform des beruflichen Erfolgs), ohne dass dahinter ein erkennbares Verdienst oder eine nachvollziehbare Leistung steht, sorgt das ebenfalls für sehr viel Neid. Das damit verbundene Gefühl, selbst ungerecht behandelt worden zu sein (z. B. weil man schon viel länger auf eine Beförderung wartete oder sich selbst als weit kompetenter einstuft), verbunden mit eigener Ohnmacht, macht sich häufig in Neid und Eifersucht Luft.

• *Glück haben*
Manchmal hat man im Leben auch einfach Glück. Der offensichtlichste Fall: Man gewinnt im Lotto oder erbt unerwartet eine ansehnliche Geldsumme, weil eine entfernte Verwandte gestorben ist. Solche „Ungerechtigkeiten des Schicksals" können ebenfalls Neid auslösen – vor allem bei Menschen, die sich selbst als wenig begünstigt ansehen.

• *Menschen, die zu uns gehören*
Oft beneiden Menschen einander um ein gewisses familiäres oder persönliches Umfeld – einen Part-

ner, Kinder oder Enkel, enge Freunde usw. Alleinlebende beneiden unter Umständen Verheiratete. Kinderlose beneiden möglicherweise Eltern, um nur zwei Beispiele zu nennen. Allerdings gibt es auch den umgekehrten Fall: Verheiratete beneiden „ungebundene“ Singles, Eltern beneiden Kinderlose, denen viel erspart bleibt usw.

• *Gutes Aussehen/Jugendlichkeit*
Vor allem Frauen legen viel Wert auf ein attraktives, jugendliches Aussehen und neigen deshalb leicht zu Rivalität und Neid gegenüber jüngeren, schlankeren oder hübscheren Frauen. Bei Männern richtet sich der Neid eher auf die Körpergröße oder die sportliche Figur und Fitness ihrer Geschlechtsgenossen. Doch möglicherweise ebnen sich diese Geschlechtsunterschiede in punkto Neidanfälligkeit in Zukunft auch mehr und mehr ein.

• *Gesundheit*
Die Kranken beneiden die Gesünderen oder Gesunden, die (noch) relativ uneingeschränkt ihr Leben führen können. Wobei hier – dank der vielen Abstufungen von Krankheit und Gesundheit – schon kleine Unterschiede „Du hast noch keine

grauen Haare, du brauchst noch keine Lesebrille/kein Hörgerät …“ zu Neid führen können. Allerdings gibt es auch hier den umgekehrten Fall: Gesunde Kinder beneiden manchmal ihre kranken Geschwister, weil diese viel mehr Zeit und Zuwendung vonseiten der Eltern erhalten.

• *Talente und persönliche Eigenschaften*
Da Menschen von Natur aus mit unterschiedlichen Talenten und Veranlagungen zur Welt kommen, ist hier von vornherein ein hohes Neidpotenzial vorhanden. Schon unter Geschwistern sind die Gaben oft sehr ungleich verteilt, und diese „natürliche Ungerechtigkeit“ wird uns lebenslang immer wieder vor Augen geführt. Was dem einen scheinbar in den Schoß fällt, muss sich der andere hart erarbeiten, wofür die eine Frau sehr viel Zeit und Kraft aufwenden muss, das geht der anderen offenbar spielend von der Hand. Gute Musiker oder Künstler beneiden die „Genialen“, die es bis an die Spitze schaffen. Schüchterne beneiden die Kontaktfreudigen, Nachgiebige beneiden die Durchsetzungsfähigen, Ängstliche beneiden die (scheinbar) Mutigen, kurzum: Jeder Mensch stellt im Lauf des Lebens fest, dass andere ihm, was bestimmte Ta-

lente oder Veranlagungen betrifft, deutlich überlegen sind.

Alles, was sich bei oder an anderen Menschen beobachten lässt, es sei real oder nur eingebildet, kann zur Quelle von Neid und Eifersucht werden, vor allem wenn man der Meinung ist, dass Ungerechtigkeit im Spiel sei.

Die zwei Grundformen des Neides

Jeder, der schon einmal im Wald einem schönen Pilz gegenüberstand, hat sich zuerst die Frage gestellt: „Giftig oder nicht giftig?“ Und häufig kann man sich, wenn man keine Fachkenntnisse besitzt, erst einmal an die Faustregel halten: „Die sehr Auffälligen sind in der Regel giftig, die gut Getarnten könnten nicht giftig und möglicherweise essbar sein!“ Die Erklärung dafür ist einfach: Der giftige Pilz kann sich ein auffälliges Aussehen leisten (und ist oft wunderschön anzusehen, denken Sie nur an Fliegenpilze), denn er wird eh nicht gefressen, während der schmackhafte Pilz sich versteckt, um nicht schon im Frühstadium seines Wachstums, bevor er sich vermehren konnte, verzehrt zu werden. Was hat Neid nun mit Pilzen gemeinsam? Ganz einfach: *Es gibt eine giftige und eine nicht giftige Form des Neides.* Man könnte auch sagen: eine schädliche und eine unschädliche, eine gefährliche und eine ungefährliche Form.

Nicht giftig

Betrachten wir zunächst die *nicht giftige* Form. Sie besteht darin, dass ich zwar an meinem Mitmenschen etwas entdecke, um das ich ihn beneide und das ich auch gern besitzen würde. Doch ich kann es gut verkraften, dass er im Besitz dieses Gutes ist – und ich nicht. Mit anderen Worten: Ich *gönne* ihm seinen „Vorteil" oder „Vorzug". Beispiel: Eine meiner Freundinnen wohnt in einer wunderschönen Villa mit viel Platz und Licht. Ich beneide meine Freundin, denn so großzügig und hell würde ich auch gerne wohnen – doch ich gönne ihr dieses Domizil von Herzen, und es ist nicht so, dass ich ihr insgeheim wünsche, sie hätte dieses schöne Haus nicht. Das ist die nicht giftige Form des Neides.

Woran kann man sie erkennen? Am ehesten daran, dass der „Neider" ungeniert und unbefangen mit dem „Beneideten" darüber reden kann: „Mensch, hast du es schön! So ein Haus ist wirklich ein Traum, darum beneide ich dich!" – Die Offenheit, mit der dies gesagt wird, sowie die Anerkennung, die damit verbunden ist, macht deutlich: Der „Neider" hat kein wirkliches, tiefer gehendes

Problem mit seinem Mangel – er stellt den Unterschied lediglich fest![1]

Ganz anders bei der *giftigen* Form des Neides: Ich entdecke beim anderen etwas, um das ich ihn beneide und das ich auch gern besitzen würde – aber ich kann es *nicht* akzeptieren, dass der andere im Besitz dieses Gutes ist und ich nicht. Mit anderen Worten: Ich *gönne* ihm seinen Vorteil oder Vorzug *nicht* – und „nicht gönnen" heißt „Missgunst", ein sehr altes und treffendes, leider kaum mehr gebräuchliches Wort für Neid. Diese giftige Form des Neides ist gefährlich, weil sie, wie wir noch sehen werden, sehr zerstörerische Auswirkungen hat.[2]

Giftige Gefühle

Doch wenn bei den Pilzen die Faustregel gilt, dass die Giftigen sich selten tarnen, so trifft beim Neid

---

1 Vgl. dazu die Überlegungen von Verena Kast, Die beste Freundin, München 1992, S. 155ff und in Verena Kast, Neid und Eifersucht, Zürich 1996, S. 31f.

2 Man denke nur an das Märchen „Schneewittchen", in dem die Mutter der Tochter nicht gönnt, dass jene schöner ist als sie.

gerade das Gegenteil zu: *Der giftige Neid tarnt und verbirgt sich, nicht der ungiftige!*

Wie schon angeklungen ist, gibt es für den Nicht-Missgünstigen keinen Grund, seinen Neid, der im Grunde eher eine Form der Bewunderung ist, zu verschweigen – schließlich hat er keine negativen Gefühle gegenüber dem Beneideten. Ganz anders bei der eigentlichen Missgunst: Sie ist immer mit giftigen Gefühlen gegenüber dem Beneideten verbunden! Ja, diese Form des Neides lässt sich nicht selten in eine Reihe stellen mit Hass, Groll oder Wut. Man kann sagen: Der giftigen Form des Neides liegt immer auch eine gewisse Lieblosigkeit zugrunde, aus der das „Nicht-Gönnen" entspringt. Und gerade die Beziehungen zu jenen, die uns räumlich oder seelisch besonders nahestehen – Familienmitglieder, Verwandte, Freunde, Vertraute, nahe Kollegen, Nachbarn – sind es ja, in denen wir uns am meisten vergleichen. Deshalb kann hier auch am ehesten Neid entstehen.[3] Wer beneidet schon Michael Schuhmacher darum, dass er sich schnelle Autos leisten kann?

---

3 Neid setzt Nähe und Ähnlichkeit voraus! Vgl. Friedhelm Decher, Das gelbe Monster, a.a.O., S. 113f.

Wenn aber unser Kollege mit einem tollen Flitzer aufkreuzt, wurmt uns dies unter Umständen gewaltig. Oder wer beneidet schon die Frau des Bundespräsidenten, dass sie an der Seite ihres Mannes so viel in der Welt herumkommt? Wenn aber unsere Nachbarin, mit der wir häufig Kontakt haben, am laufenden Band auf Reisen ist, beschäftigt uns das viel mehr!

Neid und Eifersucht im Alten Testament

Im Folgenden beschränke ich mich – mit einer Ausnahme – auf das erste Buch der Bibel (1. Mose), in dem die grundlegenden Themen und Probleme menschlichen Zusammenlebens auf faszinierend anschauliche Weise dargestellt werden.

Kain und Abel (1. Mose 4,1–9)

Das Drama der beiden Söhne von Adam und Eva beginnt mit einer nicht weiter begründeten, scheinbaren Ungerechtigkeit Gottes: Als der Erstgeborene Kain Gott aus den Früchten des Feldes ein Opfer bringt, will es ihm der jüngere Bruder Abel gleichtun: Er bringt Gott ebenfalls ein Opfer „von den Erstlingen seiner Schafherde und von ihrem Fett“. Aus unerfindlichen Gründen akzeptiert Gott lediglich das Opfer Abels, was den älteren Kain „ergrimmt“, mit anderen Worten: was Zorn und Eifersucht in ihm weckt. Gott versucht, Schreckliches zu verhindern, indem er Kain auf seinen Zorn anspricht und ihn davor warnt, eine schwere Sünde zu begehen. Doch Kain achtet nicht auf Gottes Worte (er nutzt die Gelegenheit auch nicht, um Gott nach dem Grund seiner ablehnenden Reaktion zu fragen!), sondern lockt seinen Bruder unter einem Vorwand aufs freie Feld und bringt ihn dort um. Als Gott ihn fragt, wo sein Bruder sei, lügt Kain: „Ich weiß es nicht. Soll ich meines Bruders Hüter sein?“ Hier wird deutlich, dass sich gerade im Fall der Eifersucht die Wut oft gegen denjenigen richtet, dem man sozusagen am leichtesten „beikommt“. Denn eigentlich konnte Abel ja nichts dafür, dass Gott das Opfer seines Bruders nicht „gnädig anschaute“. Doch da Kain sich an Gott nicht rächen konnte, bestrafte er quasi seinen Bruder für diese Bevorzugung. Ähnliches kann man oft bei älteren Geschwistern beobachten, die mit der Ankunft eines „Rivalen“ fertig werden müssen. In unbeobachteten Momenten können sie diesem unschuldigen Baby durchaus Püffe und Ähnliches verabreichen – als Ausdruck ihres Ärgers darüber, dass sie mit ihm nun um die Zuwendung der Eltern konkurrieren müssen. Was bei Kain ebenfalls deutlich wird: Er gesteht sich die Eifersucht, die er empfindet, nicht ein, er setzt sich auch nicht mit ihr auseinander, sondern lässt sich von ihr einfach (an-)treiben. Dies ist letztlich der Grund für seine schreckliche Tat.

Esau und Jakob (1. Mose 27,1–40)

Die beiden Söhne Isaaks sind zweieiige Zwillinge, wobei Esau als Erstgeborener Anspruch auf einen besonderen „Erstgeburtssegen“ hat, der ihn mit weitreichenden Privilegien ausstattet. Jakob missgönnt ihm dieses Privileg offenbar. Als Esau eines Tages vollkommen erschöpft und hungrig von der Jagd nach Hause kommt, bittet er seinen Bruder, ihm etwas von dem Essen abzugeben, das dieser zubereitet hat. Jakob jedoch stellt zuvor eine Bedingung: „Nur wenn du mir dafür dein Erstgeburtsrecht abtrittst!“ Esau, dem in diesem Moment vor lauter Hunger offenbar alles egal ist, stimmt dem Handel zu. Der Vater weiß natürlich nichts davon. Als Isaak eines Tages sein Ende nahen fühlt und ankündigt, Esau segnen zu wollen, muss Jakob schnell handeln: Mit Hilfe seiner Mutter schafft er es, sich bei dem fast blinden Vater als Esau auszugeben und den Erstgeburtssegen zu erschwindeln.

Als Esau heimkommt und davon erfährt, schmiedet er voller Zorn Mordpläne gegen seinen Bruder und wartet nur darauf, dass der Vater stirbt. Die Mutter erfährt davon und schickt ihren Liebling Jakob weit weg zu ihrer Verwandtschaft, damit er in Sicherheit vor seinem Bruder ist. – Hier wird deutlich, dass die Ungerechtigkeiten, die Geschwister vonseiten der Eltern erfahren, häufig Eifersucht und Neid auslösen. Dies hat häufig zur Folge, dass sie einander hintergehen, übervorteilen und auch vor offenkundigen Rechtsbrüchen nicht zurückschrecken.

Lea und Rahel (1. Mose 29 und 30)

Einige Zeit, nachdem Jakob zu seinem Onkel geflüchtet ist, verliebt er sich in dessen jüngere Tochter Rahel. Er muss sieben Jahre arbeiten, bevor er sie heiraten darf.

In der Hochzeitsnacht wird Jakob jedoch von seinem Schwiegervater betrogen, indem dieser ihm, so lesen wir, die – möglicherweise tief verschleierte – ältere Tochter Lea ins Hochzeitsbett legt, damit diese auch „unter die Haube kommt".

Jakob dient weitere sieben Jahre, um seine eigentliche Auserwählte Rahel auch noch zu ehelichen, doch damit ist das Drama zwischen den beiden Schwestern vorprogrammiert. Denn offensichtlich macht Jakob kein Hehl daraus, dass er Rahel mehr liebt als Lea. Das hält ihn allerdings nicht davon ab, mit Lea zahlreiche Söhne zu zeugen, während seine geliebte Rahel kinderlos bleibt. Wir lesen: „Als Rahel sah, dass sie Jakob kein Kind gebar, beneidete sie ihre Schwester“ (1. Mose 30,1). Als Leas Sohn seiner Mutter eines Tages „Liebesäpfel“ vom Feld mitbringt und Rahel darum bittet, auch welche davon zu bekommen, sagt Lea zu ihr: „Reicht es dir nicht, dass du mir meinen Mann genommen hast, willst du jetzt auch noch die Liebesäpfel meines Sohnes nehmen?“ (1. Mose 30,15). In dieser Antwort enthüllt sich der Kampf der beiden Schwestern um die Zuneigung Jakobs. Beide können letzten Endes nichts dafür, dass Jakob die eine mehr liebt als die andere, und doch werden beide von ihrer gegenseitigen Eifersucht aufgerieben. Lea hat zwar den Vorteil, Kinder zu haben, doch auch dies bringt ihr nicht die ersehnte Liebe ihres Mannes. Rahel hingegen besitzt zwar Jakobs Herz, leidet aber unter ihrer „Minderwertigkeit“ als unfruchtbare Frau (was sich später allerdings ändert; sie bekommt noch zwei Söhne).

Joseph und seine Brüder (1. Mose 37)

Den ersten Sohn, den Rahel schließlich noch bekommt, nennt sie Joseph, und er wird, als Kind der geliebten Frau und „Sohn seines Alters", sofort der Liebling Jakobs und offenbar auch sein persönlicher Vertrauter. Jakob zeigt deutlich, dass er Joseph bevorzugt, z. B. indem er ihm ein besonders schönes Gewand schneidern lässt. „Als nun seine Brüder sahen, dass sein Vater den Joseph lieber hatte als sie alle, wurden sie ihm feindlich gesinnt und konnten kein freundliches Wort mehr zu ihm sagen" – ein deutlicher Ausdruck ihrer verständlichen Eifersucht (Vers 4). Joseph hingegen ist sich seiner Sonderstellung so sicher, dass er sich nicht scheut, seine Brüder zusätzlich zu verärgern, indem er ihnen von zwei Träumen erzählt. In diesen Träumen kommt symbolisch zum Ausdruck, dass seine Brüder ihm als ihrem „Chef" untertan sind und sich vor ihm verneigen. Damit demütigt Joseph sie zutiefst und heizt ihre Eifersucht dermaßen an, dass sie beschließen: Joseph muss weg! Er wird bei nächster Gelegenheit an eine vorbeiziehende Karawane verkauft. Sein buntes Gewand, in Ziegenblut getränkt, legen die Brüder dem Vater als Beweis vor, dass ein wildes Tier seinen Liebling zerrissen hätte. – Auch hier wird deutlich, dass der eigentliche Fehler – nämlich ungleiche Behandlung – in erster Linie beim Vater liegt. Doch da die Söhne diesen nicht „bestrafen" können, wird Joseph zum Ziel ihres Zorns.[4]

Wie die bisherigen Geschichten zeigen, ist das Thema „Neid und Eifersucht in der Familie", vor allem zwischen Geschwistern, in der Bibel ausgesprochen aktuell. Zum Abschluss soll noch ein „außerfamiliäres" Beispiel von Neid geschildert werden.

4 Wie das weitere aufregende Schicksal des Joseph zeigt, waren seine Träume eine Vorwegnahme dessen, was sich später tatsächlich ereignete, d.h. sie waren im Grunde prophetisch.

Die beiden Mütter (1. Könige 3,16–28)

Zwei Prostituierte kamen mit einem kleinen Kind zu König Salomo. Die eine Frau schilderte ihr Problem: „Wir beide wurden zur gleichen Zeit Mutter. Der Sohn der anderen Frau starb, weil sie ihn nachts im Schlaf aus Versehen erdrückte. Daraufhin nahm sie heimlich meinen Sohn und legte mir ihr totes Kind in den Arm. Und nun behauptet sie, mein Sohn sei ihr Sohn!!" Die andere widersprach: „Nein, das ist mein Sohn; dein Sohn ist gestorben!" Salomo hörte sich beide Frauen an, dann ließ er ein Schwert bringen und befahl, das Kind in zwei Hälften zu teilen. Daraufhin sagte die wahre Mutter: „Ach, mein Herr, gebt ihr das Kind lebendig, anstatt es zu töten!" Die andere Frau hingegen beharrte darauf, dass das Kind geteilt werde: „Es sei weder mein noch dein, lass es teilen!" Daraufhin befahl Salomo: „Gebt jener Frau das Kind, die wollte, dass es am Leben bleibt – denn sie ist die wahre Mutter!" – Das Erschreckende an dieser Geschichte ist, dass die Mutter des toten Knaben in ihrem Neid („Wenn ich kein Kind mehr habe, sollst du auch keines mehr haben") so weit ging, dass sie sogar den grausamen Tod eines unschuldigen Kindes in Kauf nahm, um hinter der anderen Frau nicht zurückzustehen. In genialer Einfühlung wusste der König, dass die wahre Mutter hingegen ihr Kind lieber einer fremden Frau gegeben als zugesehen hätte, wie es ermordet wird.

Das Alte Testament berichtet mit beeindruckender Offenheit von grundlegenden Konflikten im menschlichen Zusammenleben. Sehr viele dieser Konflikte haben Neid und Eifersucht als Wurzeln. Daran hat sich bis heute vermutlich nichts geändert! Die Ursachen für Neid sind sehr vielfältig, letzten Endes jedoch haben alle mit einer Form von Ungleichheit, Ungerechtigkeit oder Unterlegenheit zu tun. Deutlich wird auch, dass der Mensch schon immer dazu neigte, den Feind nicht in seinem eigenen Inneren zu suchen, sondern in seiner Umgebung – am ehesten bei dem, der das Objekt seines Neids oder seiner Eifersucht ist. Damit wird das Problem allerdings, wie wir noch sehen werden, auf die falsche Ebene verlagert!

Neid zwischen Geschwistern

Worauf Eltern achten sollten

Was die biblischen Beispiele deutlich machten, wissen wir alle aus eigener Erfahrung: Wo mehrere Geschwister sind, gibt es auch Neid und Eifersucht – immer in der Kindheit, nicht selten lebenslang, besonders heftig und häufig, wenn der Erbfall eintritt. Ausnahmen bilden Einzelkinder und (möglicherweise) Geschwister mit sehr großem Altersabstand, die in keiner „gemeinsamen Welt" mehr leben.[5]

Warum aber haben alle Kinder so etwas wie eine angeborene Neid- und Eifersuchtsbereitschaft?[6] Wir wissen: Ein Kind will vom ersten Lebensmoment an *Verbundenheit mit anderen Men-*

---

5 Auch bei Kindern, die wegen Verlust eines Elternteils oder wegen häufigen Streitens der Eltern eng zusammenhalten mussten, findet sich seltener Neid, so mein Eindruck.

6 Auch Tiere, die stark auf den Menschen fixiert sind, haben sie. So wurde kürzlich in einer Studie festgestellt, dass Hunde auf allzu große Neigung zur Zweisamkeit ihrer Besitzer mit dem Partner/der Partnerin mit Eifersucht reagieren können.

schen erleben, und all sein Streben zielt darauf, diese Verbundenheit in Form von Zuwendung, Zuneigung, Interesse, Anerkennung und positiver Wertschätzung zu erfahren. Da die Zeit- und Energieressourcen aller Eltern begrenzt sind, reagieren viele Kinder auf die Ankunft eines Geschwisters mit dem begreiflichen Gefühl, dass ihnen dadurch etwas „genommen" wird. Warum? Weil sie die Zeit und Zuwendung der Eltern nunmehr mit einem weiteren Familienmitglied teilen müssen, wodurch ihre „Ration" möglicherweise kleiner als bisher ausfällt. Darüber hinaus haben Kinder ein tiefes Empfinden für Gerechtigkeit, die sie in ihrer kindlichen Denkweise so definieren, dass die Eltern alle „gleich" behandeln müssten. Sobald Kinder Unterschiede in der Art beobachten, wie Eltern mit ihnen umgehen, empfinden sie dies – sofern es nicht klar auf das Alter des Geschwisters zurückgeführt werden kann – als „ungerecht" und fühlen sich entweder bevorzugt (was in der Regel natürlich keinen Protest auslöst) oder benachteiligt (was zu Eifersucht und Protest führt).

Dieses Gefühl ist ganz normal und darf auf keinen Fall von vornherein negativ bewertet werden.

Eltern, die mit der Eifersucht ihrer Kinder konfrontiert werden, sollten sich allerdings folgende Fragen stellen:

- Gestehe ich meinem Kind Gefühle von Neid und Eifersucht zu, weil ich sie als etwas durchaus Natürliches betrachte – als Gefühle, die *jeden* Menschen im Lauf seines Lebens, nicht nur in der Kindheit, hin und wieder überfallen?
- Gibt es für die Eifersucht meines Kindes eine reale Grundlage (siehe oben: Joseph und seine Brüder), oder beruht sie auf einer kindlichen Fehleinschätzung? Mit anderen Worten: Werde ich meinem eifersüchtigen Kind wirklich in gleichem Maß gerecht wie demjenigen, auf das es eifersüchtig ist? Für eine offensichtliche Bevorzugung einzelner Kinder gibt es keine Rechtfertigung. Sicher „liegt" uns das eine Kind mehr als das andere, natürlich erhält ein „pflegeleichtes" Kind oft mehr positive Zuwendung, möglicherweise hegt man für „eigene" Kinder in der Regel eine spontanere Zuneigung als für Stiefkinder. Doch gewissenhafte Eltern sollten sich darum bemühen, ihre Gefühle im Griff zu haben, anstatt sich von ihnen in Verhalten und Erziehung leiten zu lassen.

- Kann ich dem Kind, das eifersüchtig ist, begreiflich machen, weshalb ich mit seinem Geschwister anders umgehe als mit ihm (beispielsweise weil das andere Kind jünger, schwächer, schüchterner, unbeholfener ist)? Eltern sollten auf jeden Fall versuchen, Kindern die *Gründe* für unterschiedliche Behandlung klarzumachen – ob die Kinder diese Gründe akzeptieren, steht auf einem anderen Blatt. Hier darf man sich als Elternteil nicht zu leicht von den Kindern unter Druck setzen lassen.
- Biete ich dem eifersüchtigen Kind genügend Erfahrungen von Anerkennung, Interesse und Zuwendung meinerseits, oder leidet es tatsächlich unter einem Mangel, der sich in seiner Eifersucht offenbart? Hier empfehle ich, gerade bei mehreren Geschwistern in ähnlichem Alter, dass die Eltern – jeder einzeln oder beide zusammen – zu festgelegten Zeiten mit jedem ihrer Kinder etwas *alleine* unternehmen oder tun, damit das Kind die Aufmerksamkeit der Eltern nicht immer mit den Geschwistern teilen muss. Solchermaßen emotional gut „versorgte" Kinder neigen nach meiner Erfahrung wesentlich weniger zu Neid und Eifersucht als Kinder, die im Grunde

immer leicht „unterernährt“ sind, was Streicheleinheiten, sprich Zuwendung in körperlicher und seelischer Hinsicht betrifft.[7]

- Falls Dritte – z. B. Großeltern, Onkel und Tanten usw. – zu einer ungleichen Behandlung neigen: Bemühe ich mich, mit ihnen darüber zu sprechen und sie zu bitten, gerechter zu sein? Falls dies nicht möglich ist: Versuche ich, diese Ungerechtigkeit in irgendeiner Weise auszugleichen oder zu verhindern?[8]

---

7 Beispielsweise reagieren viele ältere Geschwister mit erhöhtem Zärtlichkeits- und Schmusebedürfnis auf die Tatsache, dass das jüngere Geschwister naturgemäß – durch Stillen, Wickeln, Herumtragen usw. – viel körperliche Zuwendung bekommt.

8 Ein Beispiel: Eine Frau erzählte mir, ihr Vater liebe nur einen ihrer beiden Söhne und hätte nur diesem angeboten, mit ihm zu verreisen. Ihr Protest, dies sei nicht fair dem anderen Enkel gegenüber, wurde von ihm ignoriert. Daraufhin hatte sie mit dem „Lieblingsenkel“ vereinbart, dass er, sozusagen als Akt der Solidarität, das Reiseangebot nicht annimmt und stattdessen mit Mutter und Bruder verreist.

Lebenslange Auswirkungen

Was ist jedoch zu erwarten, wenn Eltern die kindliche Eifersucht nicht ernst nehmen oder gar bestrafen? Dann ist damit zu rechnen, dass sich der „rote Faden Eifersucht“ durch das ganze Leben des Betroffenen ziehen wird – häufig nicht nur gegenüber dem beneideten Geschwister, sondern auch gegenüber vielen anderen Menschen. Das tief sitzende Erlebnis, zurückgesetzt zu werden – ob real oder nur eingebildet –, führt bei diesen Menschen zu einem lebenslangen „Neidkomplex“, der letzten Endes ein tiefer Minderwertigkeitskomplex ist. Anders gesagt: Die Erfahrung oder Empfindung: „Mein(e) Geschwister wird/werden vorgezogen“ wird zu einer Art Brille, durch die solche Menschen auch als Erwachsene sich selbst, ihre Familienangehörigen und nicht selten ihre gesamte Umwelt betrachten. Dies führt zu einem im Lauf des Lebens immer größeren Berg von Frustrationen, die sich häufig in unterdrückter Feindseligkeit und Aggressivität, aber auch in massiven Selbstwertproblemen bis hin zu Depressionen äußern. Aus vielen Gesprächen mit teilweise schon recht alten Menschen weiß ich, wie sehr sie das Leiden an ihrer (scheinbaren oder echten, das spielt keine Rolle) Benachteiligung ein Leben lang beschäftigt und wie sehr es sie in ihrem Handeln und ihren Reaktionen geprägt hat.

Ein Beispiel: Ein Mann, der mittlere von drei Söhnen, inzwischen weit über 70 Jahre alt, erzählt mir, dass sein älterer Bruder aufgrund seiner überragenden Intelligenz eine Sonderstellung unter den Geschwistern hatte, während der jüngere Bruder durch sein „sonniges Wesen" alle Herzen im Sturm eroberte. Er selbst hingegen hätte weder mit besonderem Charme noch mit besonders herausragenden Leistungen glänzen können und sei sich dementsprechend zeitlebens als der am wenigsten geliebte und anerkannte Sohn vorgekommen. Auch heute noch kämpft er seinem jüngeren Bruder gegenüber gelegentlich mit Eifersucht, obwohl der es im Vergleich zu ihm schwerer hatte und hat, da er keine Familie gründen konnte und allein lebt. Da ich meinen Gesprächspartner schon lange kenne, weiß ich, dass er auch heute noch schnell beleidigt reagiert, wenn er sich beispielsweise übergangen oder ausgeschlossen fühlt. Wenn mein Bekannter über sich spricht, fällt auf, wie gering er seine eigenen Lebensleistungen einschätzt und wie leicht er dazu neigt, zu anderen bewundernd aufzuschauen – wie er es eben als Kind seinen Brüdern gegenüber getan hat. Ich kann nicht beurteilen, inwieweit die Eltern dieses Mannes versucht haben, seine Minderwertigkeitsgefühle mit verstärkter Zuwendung oder Anerkennung zu verringern, doch Tatsache ist, dass diese Gefühle sein weiteres Leben und seinen Umgang mit sich und anderen sehr stark beeinflusst haben – bis heute.

Im Gefühlsleben von *erwachsenen Geschwistern* kann es zu Neid kommen, wenn Entwicklungen und Lebenswege sehr unterschiedlich verlaufen. Es ist für Geschwister nicht immer leicht zu verkraften, wenn eines von ihnen sehr erfolgreich ist und alle anderen diesbezüglich weit hinter sich lässt. Auch die unterschiedliche Entwicklung des Nachwuchses kann zu unterschwelligem Neid führen; oder das vermeintliche Glück in der Partnerschaft, das dem einen reichlich vergönnt ist und dem anderen weniger. Ganz zu schweigen von gesundheitlichen Schicksalsschlägen, die ein Geschwisterteil möglicherweise früh zu Entbehrungen und Einschränkungen zwingen, während das andere sich ungebrochener Vitalität und Rüstigkeit erfreut. Nicht zuletzt kann das unterschiedliche, eventuell auch ungerechte Verhalten der alten Eltern gegenüber den erwachsenen Kindern Missmut und Missgunst hervorrufen.

Geschwisterpositionen

Davon abgesehen gibt häufig auch die *Geschwisterposition* Grund zu Neid oder Eifersucht. Ich möchte im Folgenden die drei häufigsten Positionen kurz betrachten, wobei ich grundsätzlich der Meinung bin, dass *jede* Position ihre Vorzüge und ihre Nachteile hat.

Der/die Älteste

Nachteile: Älteste sind sozusagen die „Versuchskaninchen" der elterlichen Erziehung. Nur sie erleben das Trauma, durch die Ankunft von Geschwistern vom Thron des „Einzigen" gestoßen zu werden, der die ungeteilte Aufmerksamkeit der Eltern genießen konnte. Darüber hinaus müssen sich die Ältesten viele Rechte und elterliche Zugeständnisse unter Umständen hart erkämpfen. Nicht zuletzt werden sie oft schon frühzeitig in die Pflicht genommen; sie müssen den Eltern bei der Arbeit zur Hand gehen und sie entlasten, was häufig bedeutet, dass sie auf einen Teil ihres eigenen Kindseins verzichten.[9]

Vorteile: Älteste entwickeln sich häufig aufgrund ihrer Prägung im Elternhaus zu ausgesprochenen Führungspersönlichkeiten, die auch im Berufsleben nach Verantwortung streben. Sie üben sich frühzeitig in Leitungsaufgaben und genießen bei den Eltern oft zeitlebens eine besondere Vertrauensstellung.

Der/die Zweite bzw. der/die Mittlere

Nachteile: Sie werden häufig mit dem schon negativ getönten Ausdruck „Sandwichkinder" bezeichnet, der deutlich machen soll, dass sie quasi „zwischen den Stühlen" des Ältesten und des Jüngsten sitzen. In der Tat hat der/die Mittlere oft das Problem, sich seine Sonderposition unter Umständen schwerer erarbeiten zu müssen. Die Aufmerksamkeit und das Interesse der Eltern ist ihm/ihr gegen-

---

9 Vor allem in Bauern- und Geschäftsfamilien, wo die Frauen hart mitarbeiten mussten, war es früher die Regel, dass die ältesten Töchter die jüngeren Geschwister beaufsichtigten und versorgten, zumal wenn keine Großeltern vorhanden waren.

über aufgrund gewachsener Erziehungsroutine möglicherweise nicht mehr so groß, zumal wenn der/die Zweite das gleiche Geschlecht wie der/die Älteste besitzt. Auch hat der/die Zweite – vor allem bei geringem Altersabstand – immer einen Älteren vor sich, der ihm/ihr voraus und überlegen ist und den er/sie lange Jahre in der Regel nicht „einholen" oder gar übertrumpfen kann; eine permanente Unterlegenheitserfahrung, die ebenfalls verkraftet werden muss.

Vorteile: Der/die Zweite kann in vieler Hinsicht im „Windschatten" des Älteren segeln: Er/sie kann Rechte in Anspruch nehmen, die der Ältere erkämpft hat; er kann auch eher der Verantwortung ausweichen, die ja in der Regel dem Älteren aufgebürdet wird. „Windschatten" bedeutet eben nicht nur Schatten, sondern auch „geringerer Widerstand" und damit leichteres und unbehelligteres Vorwärtskommen! Außerdem profitiert der/die Jüngere oft von den Erfahrungen und Hilfestellungen des Älteren, der ihn/sie durch seinen Vorsprung auch fördert. Nicht selten tun sich Zweite deshalb in vielem leichter als Älteste und gelten innerhalb der Familie zumindest in jungen Jahren oft als eher „pflegeleicht".

Der/die Jüngste

Nachteile: Zum einen haben Jüngste das Problem, dass sie den Erziehungs- und Bevormundungsversuchen ihrer älteren Geschwister ausgeliefert sind und sich insofern oft mit mehreren „Bestimmern" auseinandersetzen müssen. Darüber hinaus kommen sie (zumindest war dies früher so) oft ungewollt in den „Genuss", die noch gut erhaltenen Kleider ihrer älteren Geschwister auftragen zu müssen, deren zu klein gewordenes Fahrrad zu „erben" usw. „Wozu etwas Neues kaufen, wenn das Alte noch so gut in Schuss ist?", war die Devise, die vielen Jüngsten peinliche Erlebnisse im Klassenverband und Freundeskreis bescherte. Häufig leiden Jüngste auch unter der Erfahrung, dass alles, was sie beginnen oder probieren, von einem der Ältesten „schon lange" und natürlich auch viel kompetenter praktiziert wird, sei dies eine Sportart oder ein Hobby.

Vorteile: Die Jüngsten können (vor allem bei größerem Altersabstand zu den Älteren) in aller Regel dank des Alters oder der Erziehungsmüdigkeit der Eltern, aber auch dank liberalerer Sitten und gewachsenen Wohlstands, oft mit einer großen Nachgiebigkeit der Eltern rechnen. Das wiederum zieht meist den Neid der Älteren auf sich. Ihnen, den Älteren, wurde vieles verwehrt, was den Jüngeren ganz selbstverständlich zugestanden und ermöglicht wird. Auch sind die Jüngsten es nicht selten gewöhnt, in gewissem Maß geschont oder verwöhnt zu werden, da es ja immer Ältere gab, die ihnen die Arbeit abnahmen.

Neid und Eifersucht zwischen Geschwistern in der Kindheit sind nicht außergewöhnlich. Eltern sollten jedoch ihren Ursachen nachgehen und sich so verhalten, dass es möglichst wenig dauerhaft begründeten Anlass zu Neid und Eifersucht gibt. Denn Neidbeziehungen, für die in der Kindheit der Grundstein gelegt wurde, ziehen sich oft durch das ganze Leben von Geschwistern.

Eifersucht zwischen Partnern

Angst vor Verlust

Eifersucht ist, wie bereits gesagt, mit der Angst verbunden, ein kostbares Gut zu verlieren, von dem man meint, dass man es dringend benötigt. Die Eifersucht erwacht immer dann, wenn eine dritte Person in den Genuss jener Aufmerksamkeit, Zuwendung oder Zuneigung kommt, die in meinen Augen mir selbst zusteht. In einer Partnerschaft entsteht Eifersucht, wenn einer der Partner sich einer/einem Dritten interessiert zuwendet und damit seine „positive Energie“ nicht seinem eigentlichen Partner schenkt, sondern einem anderen, der nach Auffassung des Eifersüchtigen kein „Recht“ darauf hat.[10] Der Eifersüchtige fühlt sich in seiner bisherigen Position bedroht – womöglich degradiert ihn dieser Dritte auf den zweiten Platz und nimmt selbst über kurz oder lang den ersten ein?

---

10 Das muss im Übrigen nicht unbedingt ein anderer Mensch sein – es kann auch ein Tier oder eine Gruppe sein, mit dem/der man viel Zeit verbringt.

Deshalb ist Eifersucht in seiner Wurzel die *Angst vor einem Verlust*, die immer dann auftaucht, wenn man sich des Partners und seiner Zuneigung nicht (mehr) ganz sicher ist – oder wenn man diese Zuneigung mit niemandem teilen möchte.[11]

Da man sich des Partners auch nie zu hundert Prozent sicher sein kann – schließlich ist er ein selbstständiges Wesen –, ist Eifersucht ein Gefühl, das in einer verbindlichen Partnerschaft leicht auftauchen kann. Man sollte dieses Gefühl, wenn es sich wiederholt, dem Partner gegenüber in Worten (nicht in Taten!) zum Ausdruck bringen und ihn dabei nicht anklagen oder verdächtigen. Wichtig wäre, ihm offen zu gestehen, dass man sich *verunsichert* fühlt durch sein Verhalten. Das ist nämlich der Kern der Eifersucht: die eigene Verunsicherung

11 Die Geburt eines Kindes ist für viele Männer Anlass zur Eifersucht, weil die Aufmerksamkeit und Zuwendung ihrer Partnerin plötzlich mehr dem Kind gilt als ihnen. Hier müssen beide Partner unbedingt offen miteinander reden, um unnötige Frustration und Entfremdung zu vermeiden. Es gibt im Übrigen begründete Vermutungen, dass viele Frauen auch deshalb auf Kinder verzichten, weil nicht sie, sondern ihre Partner dies so wollen – haben die Männer vielleicht dabei den Hintergedanken, dass sie die Liebe ihrer Partnerin mit niemandem teilen wollen?

und Angst. Wer in diesem Punkt nur den Partner beschuldigt und nicht auch sich selbst kritisch hinterfragt, läuft Gefahr, genau das zu erreichen, was er vermeiden möchte: nämlich seinen Partner zu verletzen und damit langfristig in die Flucht zu schlagen und zu verlieren.

Minderwertigkeitsgefühle

Wie aber kommt es zu *krankhafter Eifersucht*? Damit ist gemeint, dass ein Partner auch dort mit Eifersucht reagiert, wo es beim besten Willen keinen begründeten Anlass dazu gibt. Der Grund liegt darin, dass diese Menschen ein ausgesprochen geringes Selbstwertgefühl haben. Dies führt dazu, dass sie jeder anderen Person ihres Geschlechts unterstellen, besser oder interessanter, attraktiver oder gewinnender zu sein, als sie selbst es sind. Folglich wittern sie in jeder anderen Person auch eine Konkurrenz, die ihnen sozusagen „den Rang ablaufen" und dadurch ihre Partnerschaft gefährden könnte.

Das Problem bei diesen krankhaft Eifersüchtigen ist, dass sie sich über ihre eigenen, tief sitzenden Minderwertigkeitsgefühle keine Rechenschaft ablegen, sondern in erbitterte Anklagen verfallen – gegenüber dem Partner und der dritten Person, die im Spiel war („Wie kann man nur so unverschämt sein und so lang mit einem verheirateten Mann reden!“). Sie suchen das Problem bei den anderen, nicht bei sich selbst! Es kommt zu endlosen Streitereien, und der genervte Partner, aber auch die Umwelt, zieht sich immer mehr zurück, innerlich oder auch äußerlich. Die Lösung bei übertriebener Eifersucht kann deshalb nur darin bestehen, dass der Eifersüchtige einerseits an seinem eigenen Selbstwertgefühl arbeitet (am besten mit Hilfe eines fachkundigen Therapeuten oder Beraters), andererseits auch das Vertrauen in seinen Partner übt und vertieft. Denn jede Eifersucht ist auch ein Misstrauensbeweis, der den Partner – falls unberechtigt – tief verletzt.

Es gibt eine Eifersucht, die begründet sein kann. Sie ist ein Alarmsignal, das deutlich macht: „In unserer Beziehung stimmt etwas nicht; ich spüre, wie mein Partner sich innerlich von mir entfernt." Darüber muss gesprochen werden. Es gibt aber auch eine Eifersucht, die aus eigener Angst und Unsicherheit erwächst: „Ich will den Partner mit niemandem teilen, weil ich befürchte, dieser andere könnte attraktiver und interessanter sein als ich ..." – Ein solcher Besitzanspruch hat fatale Folgen, denn klar ist: Kontrolle und Drohungen sind langfristig der Tod jeder Liebe.
Hier gibt es nur ein Heilmittel: Arbeit an sich selbst und, wenn nötig, ein „Nachreifen" mithilfe von Therapie. Ein einigermaßen selbstbewusster Mensch kann und muss es verkraften, dass sich die freundliche Aufmerksamkeit des Partners hin und wieder auf andere anziehende Menschen (auch des anderen Geschlechts) richtet – wenn dabei jene Gemeinschaft nicht verletzt wird, die zwei Ehepartner sozusagen exklusiv miteinander teilen.[12]

12 Dazu gehört für mich beispielsweise die sexuelle Beziehung.

Weshalb wir Neid *anderen gegenüber* nicht (gern) eingestehen

Neid ist ein Gefühl, das vor allem viel über den Neider aussagt:

– *Der Neidische verrät, was ihm wichtig und wertvoll im Leben erscheint.*

Ein Beispiel:

Wer normalerweise so tut, als ob Geld ihm nicht wichtig sei, und sich plötzlich als sehr neidisch entpuppt, wenn ein anderer mehr hat oder bekommt als er, verrät damit etwas über seine eigene Heuchelei oder zumindest Zwiespältigkeit, was die Werte in seinem Leben betrifft.

– *Der Neidische verrät eine Menge über sich selbst.*

Er zeigt, dass er mit dem Beneideten in dieser Sache rivalisiert, d. h. sich mit ihm vergleicht und ihm „das Wasser reichen“ will. Und er verrät, dass er sich dem anderen in dem Punkt, in dem er ihn beneidet, nicht ebenbürtig, sondern unterlegen fühlt – und darunter leidet.

– *Der Neidische verrät viel über seine Beziehung zum anderen.*

Die im „giftigen" Neid enthaltene Missgunst weist auf einen Mangel an Liebe und Zuneigung zum Beneideten hin. Gerade in engeren persönlichen Beziehungen will man dies nicht eingestehen, weil Liebe ja eigentlich mit Großherzigkeit und Selbstlosigkeit verknüpft wird.

Was wären die Folgen, wenn der Neider seinen Neid offen zeigen würde?

Vertrauensverlust

Der Mensch, den ich in der giftigen Form beneide, ist für mich im Grunde als Beziehungspartner verloren, weil er auf meinen Neid mit Irritation, Misstrauen und eventuell Rückzug reagieren wird. Die Erkenntnis, dass ich ihm etwas *nicht gönne* und ihm deswegen womöglich feindlich gesinnt bin, kommt einer schweren Enttäuschung gleich. Denn: Jeder hofft, dass die Menschen, mit denen er zusammen lebt, zusammen arbeitet oder emotional verbunden ist, ihm wohlgesonnen sind. Andernfalls könnte er ihnen kaum vertrauen!

Dass es durchaus berechtigt ist, wenn Beneidete ihren Neidern misstrauen, macht ein raffiniertes Experiment aus den USA deutlich, bei dem Freundespaare zu einem Leistungstest antreten sollten. Erst kam der eine Freund an die Reihe, und danach wurde ihm im Beisein der anderen Teilnehmer zurückgemeldet, dass er in dem Test sehr schlecht abgeschnitten hätte. Dann kam der andere Freund dran, und derjenige, der den Test schon hinter sich hatte, konnte ihm Tipps geben, um besser abzuschneiden. Tatsache war, dass die meisten der Freunde, die schlecht abgeschnitten hatten, ihren Freunden jedoch keine wirklich hilfreichen Tipps gaben, sondern mit ihren Tipps (unbewusst) eher dafür sorgten, dass ihre Freunde ebenfalls nicht besonders gut abschnitten, frei nach der Devise: „Du sollst auch nicht mehr Erfolg haben als ich!“[13]

Liebesverlust

Neid zeigt, dass unsere Zuneigung zum Beneideten sehr begrenzt ist und in dem Moment aufhört oder erkaltet, in dem er etwas erreicht, was wir nicht erreichen, oder etwas bekommt, was wir

13 Friedhelm Decher, Das gelbe Monster, Springe 2005, S. 92f.

selbst nicht bekommen. Die Enttäuschung des anderen, die mit dieser Erkenntnis verbunden ist, wurzelt darin, dass er uns vermutlich ein höheres Maß an (selbstloser) Liebe unterstellt hat – oder ein geringeres Maß an Eigenliebe und Ichbezogenheit. Zeigt er diese Enttäuschung, womöglich noch verbunden mit Vorwürfen („Du gönnst mir das nicht!"), so ist das eine weitere Demütigung für uns und mindert unser Selbstwertgefühl noch mehr. Darüber hinaus fürchten wir möglicherweise die Kommentare von Dritten: Sie könnten mit Hohn und Spott, aber auch mit Verachtung und Unverständnis gegenüber dem „Neidhammel" reagieren.

Eigene Interessen werden geschädigt

Neid zu verbergen dient in höchstem Maß den eigenen Interessen. Denn zunächst einmal wollen wir keinen Schaden an unserem Image erleiden. Doch darüber hinaus treibt Neid uns, wie wir noch sehen werden, zu einem Verhalten, das im harmlosesten Fall zum Ziel hat, es dem Beneideten gleichzutun oder ihn zu überrunden. Unser Verhalten kann aber auch das Ziel verfolgen, den Beneideten zu schädigen, ihm das beneidete Gut zu rauben oder Ähnliches. In diesem Fall will der Neiderfüllte unter allen Umständen vermeiden, dass der Beneidete davon Wind bekommt – könnte er ihm doch seine Pläne vereiteln.

Das Eingeständnis von Neid gegenüber dem Beneideten ist mit einem hohen Risiko für den Neider verbunden: Es drohen Nachteile und Verluste – einschließlich des Gesichtsverlusts! Das macht verständlich, warum Neid selten zugegeben wird.

Weshalb wir Neid *auch uns selbst* nicht (gern) eingestehen

Wer den Neid, den er empfindet, anderen gegenüber verbirgt, hat immer noch die Möglichkeit, ihn wenigstens *sich selbst gegenüber* ehrlich einzugestehen. Doch das würde etwas ganz Entscheidendes voraussetzen: Der Neiderfüllte muss sich die Gefühle, die er hat, genau anschauen. Er müsste sich beispielsweise fragen: „Warum macht es mir so sehr zu schaffen, dass meine Kollegin dieses Ziel erreicht hat und ich nicht? Warum komme ich so schwer damit zurecht, dass mein Vereinskamerad schon wieder in der Presse lobend erwähnt wird? Was ärgert mich so daran?" Oder man müsste sich in einer stillen Stunde die Frage stellen: „Was empfinde ich meinem Bruder gegenüber, wenn ich sehe, wie er heute noch von meinen Eltern bevorzugt wird, obwohl wir anderen uns genauso intensiv um sie kümmern?" Wir alle müssen uns klarmachen: Neid ist – im Gegensatz beispielsweise zu Freude, Angst, Ekel, Überraschung oder

Hass – ein Gefühl, das sich nicht einfach und klar ins Bewusstsein drängt, sondern das fast immer erst einmal *unbewusst* in uns auftaucht. Weshalb? Weil Neid eine *komplexe* Empfindung ist, die sich aus vielen Gefühlen zusammensetzt – zum Beispiel aus Wut, Ärger, Trauer, Enttäuschung, Selbstzweifel und oft auch Ohnmacht und Selbstmitleid. Es ist deshalb gar nicht so einfach, sich selbst „auf die Spur zu kommen" und zu erkennen: „Verflixt noch mal, ich bin ja wirklich neidisch!"

Innere Widerstände

Abgesehen von der Notwendigkeit, gründlich in sich hineinzuhören, gibt es auch eine Menge *innerer Widerstände*, die uns davon abhalten wollen, unsere Neidgefühle wenigstens uns selbst schonungslos einzugestehen. Diese Widerstände wurzeln in unserem innersten Kern, unserem „Selbst", wie es die Psychologen nennen, das sich gegen Verletzungen und Erschütterungen schützen möchte. Das Eingeständnis von Neid stellt eine solche Verletzung oder Erschütterung gleich in mehrfacher Hinsicht dar:

- Das Eingeständnis von Neid verletzt unser *Selbstwertgefühl*, weil „gefühlte Unterlegenheit“ und Niederlagen, die wir uns eingestehen, mit dem Gefühl der Wertlosigkeit Hand in Hand gehen.
- Das Eingeständnis von Neid erschwert die *Selbstannahme,* weil Selbstannahme immer ein einigermaßen positives und stabiles Selbstbild voraussetzt.
- Das Eingeständnis von Neid nagt am Selbstvertrauen, weil man sich insgeheim fragt: „Warum schaffe ich es nicht, auch so zu sein wie der andere, oder auch zu erreichen, was der andere erreicht hat? Was ist mit mir nicht in Ordnung? Welche Fehler mache ich, welche Defizite habe ich, welche Fähigkeiten fehlen mir?“
- Das Eingeständnis von Neid erschüttert und verletzt unser *Selbstbild,* genauer gesagt: *das Bild, das wir gerne von uns haben wollen.* Man spricht hier vom *Ich-Ideal*, das jeder von uns in sich trägt: Es ist die Summe all der Eigenschaften, die wir uns gerne zuschreiben („Ich bin ein freundlicher, fairer, umgänglicher, gelassener, ehrlicher, christlicher, selbstloser Mensch …“). Es gehört immer zu unserem Ich-Ideal, dass wir

möglichst wenig Schwächen und Mängel besitzen, schon gar keine Schwächen, die von der Umwelt verachtet werden – sonst wäre es ja kein Ideal! Wer sich jedoch seine Neidgefühle eingesteht, beraubt sich der Illusion, einigermaßen dem eigenen Ich-Ideal zu entsprechen – das geht gegen den Stolz, und das tut weh.

– Das Eingeständnis von Neid bedroht unser *soziales Selbst*. Damit ist das Bild gemeint, *das wir den anderen* von uns präsentieren. Hierzu gehört in der Regel, dass wir nicht als egoistisch, kalt und lieblos dastehen wollen. Schließlich leben wir alle auch von der Anerkennung und Achtung unserer Mitmenschen.

Neid kann man sich nur eingestehen, wenn man sich intensiv mit den eigenen Gefühlen und Gedanken auseinandersetzt. Wer das vermeidet, drängt diese Gefühle und damit auch den Neid mit aller Macht ins Unterbewusstsein. Von dort aus kann er umso unkontrollierter und ungehemmter seinen giftigen Einfluss auf den Neiderfüllten ausüben. Darum gilt: Wer sich die anstrengende und schmerzliche Aufgabe der eigenen Selbsterforschung nicht zumuten möchte, verschafft sich zwar auf den ersten Blick Entlastung, weil ihn das, was er nicht erkennt, auch nicht belasten kann. Langfristig jedoch wird er wie ein Kranker, der seine Krankheit ignoriert oder nicht ernst nimmt, das Opfer dessen, was er verdrängt! Denn die Rechnung „Was ich nicht weiß, macht mich nicht heiß“ geht in vielen Fällen nicht auf – auch nicht beim Neid.

Neid und Eifersucht in den Evangelien

Die Evangelien nach Matthäus, Markus, Lukas und Johannes schildern aus vier unterschiedlichen Perspektiven und teilweise auch unterschiedlichen Quellen Episoden aus dem Leben Jesu, wobei der Schwerpunkt auf *seiner Botschaft und seinem Verhalten in konkreten Situationen* liegt. Interessant ist, dass Jesus selbst im Umgang mit Menschen Neid begegnet, dass er aber auch in seinen eigenen Beispielgeschichten – den sogenannten Gleichnissen – den Neid als wichtiges Motiv im zwischenmenschlichen Umgang, auch im Umgang mit Gott, thematisiert. Einige Beispiele sollen dies verdeutlichen.

Rangstreit der Jünger (Markus 10,35–45)

Als Jesus auf dem Weg nach Jerusalem seine zwölf Jünger auf seinen gewaltsamen Tod vorbereitet, kommt den zwei Brüdern Jakobus und Johannes die Idee, sozusagen für die Zukunft vorzusorgen.

Sie bitten Jesus: „Gib uns das Recht, dass wir zu deiner Rechten und Linken sitzen dürfen, wenn du in deiner Herrlichkeit bist!“ Erstaunlicherweise kritisiert Jesus sie nicht wegen dieses „Vordrängelns“, sondern reagiert recht sachlich, indem er ihnen sagt: „Euch ist nicht klar, um was ihr bittet …“, und das auch näher erklärt. Dann lesen wir: „Als die (restlichen) zehn Jünger das Gespräch mitbekamen, fingen sie an, über Jakobus und Johannes unwillig zu werden.“ Deutlich wird, dass die Jünger es Jakobus und Johannes übel nehmen, für sich quasi eine Spitzenposition in Jesu Reich zu beanspruchen – verstoßen die beiden damit doch gegen das Gleichrangigkeitsprinzip. Jesus ruft daraufhin alle zwölf zu sich und macht ihnen klar, dass der typisch menschliche Wettbewerb „Wer ist der Größte, wer hat am meisten Ansehen, wer stellt sich an die Spitze?“ zwischen seinen Nachfolgern und Nachfolgerinnen keinen Raum mehr haben sollte. Denn in Gottes Herrschaftsbereich geht es um andere Werte als um Vorrangstellung und Selbstdurchsetzung … – Dieses „Mehrsein-Wollen“ löst in den anderen Verärgerung aus, da sie dadurch ja automatisch auf die „schlechteren Plätze“ verwiesen, also degradiert würden.

Maria und Martha (Lukas 10,38–42)

Jesus ist zu Gast bei den beiden Schwestern. Wie es die Sitte verlangt, eilt die ältere Martha in die Küche, um den Gästen etwas aufzutischen. Ihre jüngere Schwester Maria hingegen erlaubt sich, zu Jesu Füßen zu sitzen und ihm zuzuhören. Dies erregt den Unmut und wohl auch den Neid Marthas. Verärgert geht sie zu Jesus und verlangt von ihm, Maria aufzufordern, ihr, der älteren Schwester, zu helfen. (Offenbar traut sie selbst sich nicht, dies zu tun, oder sie verspricht sich keinen Erfolg davon!) Es ist ganz offensichtlich, dass Martha es ihrer jüngeren Schwester nicht gönnt, seelenruhig ihrem Bedürfnis nachzugeben, während sie, die Pflichtbewusste, ihren Wunsch, Jesus zu hören, unterdrückt und stattdessen das tut, was „man" als Frau gefälligst zu tun hat. Genau genommen könnte man sagen, Martha missgönnt Maria, dass sie sich Freiheiten herausnimmt und den Mut hat, zu ihren Bedürfnissen zu stehen – zwei Fähigkeiten, die Martha nicht besitzt, sonst hätte sie es ja ihrer Schwester kurzerhand gleichtun und sagen können: „Gute Idee, ich würde eigentlich auch gerne zuhören, das Essen kann warten." Die eigene Unfähigkeit wird umgemünzt in Neid und Vorwürfe gegen die Schwester, die sich etwas erlaubt, was Martha sich selbst nicht erlaubt.

Jesus durchschaut die Motive Marthas und lehnt es ab, sich vor den Karren ihrer Neidgefühle spannen zu lassen. Er antwortet auf ihre Bitte (freie Übersetzung der Verfasserin): „Martha, Martha, du machst dir gewiss viel Arbeit und Mühe, das sehe ich; aber etwas anderes ist (jetzt) wichtiger. Maria hat das erkannt und entsprechend gehandelt, das will ich ihr nicht wegnehmen." – Diese Antwort Jesu macht deutlich: Er erkennt Marthas Engagement sehr wohl an, aber er stellt ihr frei – ja, er legt ihr nahe –, wie Maria der Stimme ihres Herzens zu folgen, anstatt die Schwester dafür zu verurteilen.

Die Arbeiter im Weinberg (Matthäus 20,1–15)

Jesus erzählt in diesem Gleichnis von einem Weinbergbesitzer, der von frühmorgens bis spätnachmittags fünf Mal ins Dorf geht, dort „Arbeitslose" antrifft und sie zur Arbeit in seinen Weinberg schickt. Mit denjenigen, die in aller Frühe beginnen, vereinbart er ausdrücklich den Lohn, bei den anderen wird nichts mehr darüber gesagt. Als es abends zur Lohnauszahlung kommt, gibt der Verwalter den zuletzt Angekommenen den gleichen Lohn wie den früh Eingetroffenen (es handelt sich um den Geldbetrag, den ein Familienvater damals brauchte, um sich und seine Familie einen Tag über die Runden zu bringen). Diese „Gleichbehandlung" löst Protest bei jenen aus, die morgens schon früh mit der Arbeit begonnen haben. Doch der Weinbergbesitzer antwortet dem Wortführer: „Mein Freund, ich habe mich an unsere Lohnvereinbarung gehalten. Deshalb hast du kein Recht, mir Vorwürfe zu machen! Bist du (etwa) missgünstig, weil ich (den anderen gegenüber) so großzügig bin?"

Jesus thematisiert hier ein Neidproblem, das heute noch genauso aktuell ist wie damals: Menschen können es, selbst wenn man sie korrekt behandelt, schwer verkraften, wenn andere mit weniger Aufwand das Gleiche bekommen oder erreichen wie sie. Das empfinden sie als Ungerechtigkeit, selbst wenn sie, wie im Gleichnis, persönlich dadurch gar keine Nachteile haben. Jesus will mit seinem Gleichnis deutlich machen, dass die Gerechtigkeit Gottes nicht darin besteht, Menschen nach ihrer *Leistung* zu „entlohnen“ („die Guten/Fleißigen/Braven werden belohnt, die Bösen/Faulen bestraft“). Sie besteht vielmehr darin, dass er jedem, der seinem Ruf folgt, ganz persönlich und individuell das gibt, was er braucht, um leben zu können.

Die beiden Söhne (Lukas 15,11–32)

In diesem Gleichnis (das ich als das wichtigste Gleichnis Jesu ansehe) erzählt Jesus die Geschichte von zwei Brüdern, von denen der Jüngere (!) sich die Freiheit nimmt (man könnte auch sagen: die Frechheit besitzt), vorzeitig sein Erbe einzufordern. Er begibt sich damit ins Ausland, wo er dieses Erbe schnell verprasst. Als er in jeder Hinsicht am Ende ist, besinnt er sich auf sein Elternhaus und beschließt, seinen Vater um Verzeihung und um einen Tagelöhnerposten zu bitten, denn mehr wagt er jetzt nicht mehr zu beanspruchen. Doch wie groß ist seine Überraschung, als der Vater bei seiner Heimkehr völlig anders als erwartet reagiert: Er setzt ihn, voller Freude und ohne jeden

Vorwurf, sofort wieder in seine alte Sohnesstelle ein und feiert anlässlich seiner Rückkehr ein großes Fest!

Als jedoch der ältere Sohn nach Hause kommt und den Grund für das fröhliche Festtreiben erfährt, da, so lesen wir, „wurde er zornig und wollte nicht am Fest teilnehmen“. Seinem Vater gegenüber begründet er seinen Zorn damit, dass er, der Ältere, ihm immer zu Diensten gewesen sei und brav alles getan hätte, was der Vater wollte – doch niemals wurde ihm dafür vom Vater ein Fest ausgerichtet! Ob der Ältere sich von den begütigenden Worten des Vaters („Mein Sohn, was mein ist, ist auch dein …“) dazu bewegen lässt, sich doch noch über die Heimkehr seines Bruders zu freuen, lässt das Gleichnis offen.

Deutlich wird: Der ältere Bruder missgönnt es dem Jüngeren aus tiefstem Herzen, dass dieser trotz seines offensichtlichen Egoismus (einfach weggehen) und Fehlverhaltens (das Erbe verschleudern) vom Vater mit der gleichen Liebe und Wertschätzung behandelt wird wie er, der korrekte Ältere, der sich kein Hören auf die eigene innere Stimme (die vielleicht auch nach Freiheit und Abenteuer rief) gestattete. An der Reaktion des

Älteren lässt sich ablesen, dass er all die Jahre zu Hause nicht wirklich zufrieden war (und insofern genauso „verloren" war wie der Jüngere). Diese Unzufriedenheit bricht nun im Vergleich mit dem zurückgekehrten jüngeren Bruder mit Macht auf und äußert sich in Ärger und Missgunst.

Jesus wusste sehr genau, dass Neid zu den Beziehungen unter Menschen gehört. Aber es war ihm ein Anliegen, dass alle, die ihm nachfolgen und sich dem „Einflussbereich Gottes" öffnen, über ihre menschlichen Ängste und Bewertungen, die zum Neid führen, hinauswachsen.

Die zahlreichen Möglichkeiten, Neid zu verbergen

Es gibt also gut nachvollziehbare und verständliche Gründe, weshalb wir Menschen Neid vor uns und anderen meist verbergen und ihn höchstens *indirekt und versteckt* zum Ausdruck bringen: Wir wollen uns selbst davor schützen, von den Auswirkungen dieses Gefühls aufgefressen zu werden (wenn wir ihm freien Lauf lassen), und wir wollen darüber hinaus unser Selbstbild und Selbstwertgefühl vor einer schweren Erschütterung schützen. Eines allerdings wird immer der Fall sein: Neid ist wie Dampf im erhitzten Dampfkochtopf – er wird jede Gelegenheit und jedes Ventil benutzen, um „sich Luft zu machen". Meist merkt das der Neidische selbst nicht, wohl aber seine Mitmenschen.

Bevor wir uns mit der Frage nach den *Ursachen* unseres Neides noch näher befassen, möchte ich eine kleine Auswahl von Masken vorstellen, die wir alle aufsetzen, um unseren Neid vor uns und anderen nach Möglichkeit geheim zu halten.

- Wir heucheln Neidlosigkeit oder gar selbstlose Mitfreude und Bewunderung. Da gratuliert man scheinbar freudig als „guter Verlierer“ dem, der den Posten ergattert hat, den man selbst wollte – doch im Innern tobt der Neid. Da schaut man sich voll scheinbar selbstloser Begeisterung den schönen neuen Wintergarten der Nachbarn an – und ist innerlich voller Wut, dass *die* sich so etwas leisten können … Diese Art „vorsätzlicher Täuschung“ ist weit verbreitet.

- Wir heucheln Mitleid, wo wir eigentlich schadenfroh sind. Wenn der Mensch, den wir um etwas beneiden, irgendeine Art von Schaden erleidet, so können wir in der Regel eine heimliche Schadenfreude kaum unterdrücken – es ist die Genugtuung, dass auch ihm nicht alles gelingt, oder dass es vielleicht doch noch so etwas wie eine ausgleichende Gerechtigkeit gibt. Dazu ein Gedicht von Wilhelm Busch, das diesen versteckten Neid andeutet:

Da kommt mir eben so ein Freund
mit einem großen Zwicker.
„Ei“, ruft er, „Freundchen, wie mir scheint,
Sie werden immer dicker!

Jaja, man weiß oft selbst nicht wie,
so kommt man in die Jahre.
Pardon, mein Schatz, hier haben Sie
schon ein, zwei graue Haare!"

„Hinaus, verdammter Kritikus,
sonst schmeiß ich dich in Scherben!
Du Schlingel willst mir den Genuss
der Gegenwart verderben!"

- Wir werten in unseren Gedanken und Äußerungen die Vorteile des Gutes ab, um das wir den anderen beneiden. Der Nachbar hat ein neues Auto? „Bin ich froh, dass ich keins habe, da müsste ich ja dauernd Angst haben, dass es mir gestohlen wird oder einen Kratzer bekommt!" Die Schwester hat sich ein wertvolles Schmuckstück gekauft: „Die Ärmste, sie hat doch gar keine Anlässe, bei denen sie so etwas tragen kann!" Der Kollege wird befördert: „Das ist doch in Wirklichkeit gar kein Aufstieg. Für etwas mehr Geld hat er bloß dreimal so viel Verantwortung wie bisher!"
- Wir reden abfällig über den Menschen, den wir beneiden. Eine weit verbreitete Art der sozusa-

gen geheimen Rache des Neidischen besteht darin, dass er sich gegenüber Dritten spöttisch, zweideutig oder negativ über das Beneidete äußert, worum er jemanden beneidet. Wir leugnen damit nicht nur den Wert, den dieses Gut für uns besitzt, sondern wir versuchen es auch noch in den Augen der Mitmenschen herabzusetzen: „Findest du nicht auch, dass die Frau X viel zu viel Wert auf Klamotten legt? Für mich sind das Äußerlichkeiten!“ – „Also, wenn Sie mich fragen: wer immer auf Reisen ist, muss vor irgendetwas flüchten!“ – „Reife Leistung, dass Kollege X endlich den Führerschein geschafft hat – nach 40 Fahrstunden!“

- Wie suchen „schwarze Flecken“ auf der weißen Weste dessen, den wir beneiden. Mit diesem Vorgehen machen wir den anderen kleiner – wodurch sich auch der Abstand zu uns slelbst verringert. Der Kollegin wird eine attraktive Stelle angeboten, und wir denken: „Merken die denn nicht, dass diese Frau zwar gut aussieht, aber ziemlich dumm ist?“ – Der Nachbar ist befördert worden, und wir sagen uns: „Mag ja sein, dass der im Beruf ganz tüchtig ist, aber für mich ist und bleibt er ein Spießer.“

- Wir streuen negative Informationen über den Menschen, den wir beneiden. Hier ist eines der Hauptmotive für Klatsch und Tratsch sowie Lästern und Mobbing[14] zu suchen. Das geheime Motto lautet: „Mach ich den anderen schlecht oder klein, dann füge ich ihm einen Schaden zu." Man kann deshalb sagen: Negative, abwertende Äußerungen über Abwesende *müssen* nicht, aber *können* in vielen Fällen ein Hinweis auf versteckte Neidgefühle sein. – Die Nachbarin hat drei Kinder und schafft es auch noch, berufstätig zu sein: „Sie sollten mal sehen, wie es bei der in der Wohnung aussieht – da würden Sie erschrecken!" – Ein Freund ist als Vereinsvorstand sehr aktiv und angesehen: „Der braucht es einfach, im Mittelpunkt zu stehen, wahrscheinlich ist er im Beruf zu wenig gefordert ...!" – Ein Geschwister gönnt sich eine Weltreise: „Ach ja, sie war schon immer etwas verschwenderisch – na, wenn man sonst wenig Freude hat im Leben ...!"

---

14 Diese Art des Mobbing – durch üble Nachrede, in Umlauf gesetzte falsche Behauptungen und Gerüchte – ist deshalb besonders perfide, weil man sich dagegen eigentlich nicht wehren kann.

- Wir versuchen, *uns in einem anderen Punkt über* den anderen zu stellen. Auf diese Weise verringern wir unsere Unterlegenheitsgefühle: „Ich gebe ja zu, dass mein Bruder immer schon zielstrebiger war als ich – aber Freunde hatte ich immer mehr als er!" – Die Freundin hat eine faltenlosere Haut: „Wenn ich so mollig wäre wie sie, hätte ich das auch!"

- Wir versuchen, uns und anderen einzureden, dass wir das beneidete Gut gar nicht *brauchen oder haben wollen.* „Klar hat mein Kollege mich karrieremäßig überholt – aber ich möchte nicht mit ihm tauschen, wenn ich sehe, was der alles am Hals hat!" – „Was, du bist in ein großes Haus mit Garten gezogen? Du Ärmste, was das für Arbeit macht, das wäre mir echt zu viel Stress!" – „Ihr fahrt in Urlaub? Also, ich hab's hier so gemütlich, ich find's daheim einfach am Schönsten!"

- Wir *schweigen* das, worum wir den anderen beneiden, einfach *tot.* Dahinter steckt der Versuch, den Neid zu verdrängen, aber auch der Wunsch, dem anderen keinen Triumph zu gönnen – wenn er nämlich meinen Neid bemerkt.[15] Außerdem kommen wir auf diese Weise um eine Lüge herum!

- Wir gehen zu der beneideten Person *auf Abstand oder meiden sie.* Der Vorteil besteht darin, dass wir mit dem, was wir dem anderen missgönnen, nicht mehr (häufig) konfrontiert werden. Darüber hinaus müssen wir, da wir den Kontakt meiden oder sehr oberflächlich gestalten, auch wenig oder keine Energie aufbringen, um unseren Neid zu verbergen.

15 Oft ist mit diesem Totschweigen ein demonstratives Loben dritter Personen verbunden.

Dies ist nur eine kleine Auswahl der vielen Masken, die wir aufsetzen, um unseren Neid vor unserer Umwelt, aber vor allem vor dem Beneideten zu verbergen. Das Problem bei diesem Maskenball ist: Wer seine Energie vorwiegend darauf konzentriert, seinen Neid zu verbergen, versäumt es allermeist, nach den Ursachen seines Neides zu fragen. Es ist, als ob man einen hässlichen Schimmelfleck in der Wohnung entdeckt und flugs ein schönes Bild davor hängt, anstatt sich zu fragen, wo dieser Schimmelfleck herkommt und was man nachhaltig gegen ihn tun kann. Die Folgen liegen auf der Hand: Der Schimmel wird sich ausbreiten und das „Raumklima" immer mehr vergiften. Was kurzfristig Entlastung bringt, ist langfristig eine Zeitbombe.

Sind wir heute weniger neidanfällig als früher?

Eine uralte Frau im Tessin erzählte mir:

„Es gab eine alte Villa bei uns im Dorf, die in meiner Kindheit von einer reichen Deutschschweizerin gekauft und bewohnt wurde. Während wir so arm waren, dass wir uns kein elektrisches Licht leisten konnten und selbst mit Streichhölzern sparsam umgingen, sahen wir, dass die Villenbesitzerin gern alle Zimmer in ihrem Haus im Licht erstrahlen ließ, sodass es abends die reinste Festbeleuchtung gab. Wir waren sehr neidisch darauf, dass diese Frau so verschwenderisch mit Elektrizität umgehen konnte.“

Wer hätte dafür kein Verständnis?

Doch wie sehr haben sich – nicht nur im Tessin – die Verhältnisse geändert! Noch nie erfreute sich eine solch große Zahl von Deutschen eines so beachtlichen Wohlstandes, wie wir ihn seit dem Kriegsende kontinuierlich aufgebaut haben. Es sind nicht nur ein paar Wenige, die sich (auf Kosten der Armen) schönes Wohnen, Reisen, teure Hobbys und Luxusgüter aller Art leisten können, sondern es gibt eine sehr breite Schicht, die über ein ansehnliches Vermögen verfügt. Doch die Frage ist, ob sich daraus Folgendes schließen lässt: „Früher, als die Menschen wenig hatten und mit vielem sehr sparsam umgehen mussten, kam sicher leicht Neid gegenüber jenen auf, die mehr hatten und sich mehr leisten konnten. Da es heute jedoch einer großen Mehrheit materiell recht gut geht, muss die Neidanfälligkeit doch abgenommen haben!“

Interessanterweise ist dies eher nicht der Fall, und auch alte Menschen, die ich frage, ob es früher mehr Neid gab als heute, versichern mir spontan: „Es gab natürlich Neid – aber der ist heute bestimmt nicht weniger geworden!“ Falls dieser Eindruck richtig ist, so stellt sich die Frage: Weshalb ist das so?

Reicher, aber nicht unbedingt glücklicher

Fünf Gründe möchte ich nennen, die mir dafür in Frage zu kommen scheinen. Urteilen Sie selbst, inwieweit Sie hier zustimmen können!

- Früher haben die Menschen bescheidenere Erwartungen an das Leben gestellt. Man wurde in eine bestimmte Familie und gesellschaftliche Schicht hineingeboren und hatte in aller Regel die Erwartung, dass man das Handwerk des Vaters weiterführt bzw. innerhalb dieser Schicht bleibt und sein Auskommen findet. Viele Betriebe wurden über Generationen vom Vater auf den Sohn vererbt, so dass sich die Frage, was man einmal im Leben erreichen wolle, eigentlich gar nicht stellte. Man „schickte sich in sein Los" (auch die Frauen als Ehefrau und Mutter).
- Früher waren die Vergleichsmöglichkeiten eingeschränkter. Man verglich sich natürlich mit den Menschen im nahen Umfeld und mit jenen, die man über die Familie oder sonstige Kontakte näher kannte (und hier konnte natürlich auch Neid entstehen), aber man hatte nicht die Möglichkeit, sich mit einer *so großen Zahl* von Menschen zu vergleichen, wie dies heute der Fall ist, beispielsweise durch unsere Mobilität oder das Fernsehen. Man kann sagen: Die „Neidanlässe" waren früher seltener, weil man nicht so oft und so leicht aus seinem vertrauten Umfeld herauskam.

- Früher herrschte keine so ausgeprägte Leistungsorientierung in der Gesellschaft. Heute wird schon Kindern in der Grundschule von ihren Eltern eingetrichtert: „Ohne Abitur ist der Mensch nichts wert!“, und die Umwelt bestätigt diese Einstellung, indem sie Menschen nach ihrer Bildung, ihrem Einkommen, ihrer beruflichen Stellung und ihren Statussymbolen (Haus, Auto, Zweitwohnsitz etc.) bewertet. Wenn aber „jeder seines Glückes Schmied“ ist, dann steht auch jeder unter dem Druck, aus seinen Begabungen so viel wie möglich zu machen – und wehe, man kommt nicht so weit, wie man sich erhofft hatte! Dann stellt sich schnell Neid ein auf die, die es „geschafft“ haben – und ebenso ein Minderwertigkeitsgefühl, weil man zu den „Verlierern“ gehört.
- Früher gab es nicht das riesige Konsumangebot wie heute, das mit einem unablässigen Bombardement durch die Werbung verbunden ist. Dabei spricht gerade die Werbung gezielt unsere Unzufriedenheit an, denn sie lockt immer mit dem indirekten Versprechen: „Wenn du dieses Produkt erwirbst, wird es dir noch besser gehen als bisher!“ Die Folge: Wer sich diese Güter nicht

leisten kann, beneidet leicht jene, die dazu in der Lage sind.

- Die meisten Menschen glauben heute, es gäbe nichts als dieses begrenzte irdische Leben, und aus dem müssten sie sozusagen so viel wie möglich an Glück und Genuss herausholen, damit man vom Leben auch „etwas gehabt hat". Gerechtfertigt wird diese Jagd oft mit dem Satz „Man gönnt sich ja sonst nichts", der genau genommen auch nur eine tiefe Unzufriedenheit verrät.

Die Möglichkeiten und Anlässe für Neid sind heute sicher vielfältiger und differenzierter geworden. Nicht nur die Mobilität und die Freiheit des Einzelnen haben im Vergleich zu früher enorm zugenommen, sondern auch die Gelegenheiten, sich mit anderen zu vergleichen. Gestiegen sind aber auch die Ansprüche des Individuums an das Leben und an das, was dieses Leben an Gütern und Befriedigungen beinhalten sollte.

Die tieferen Ursachen des Neides

Was sind nun die tieferen Ursachen der Missgunst? Zunächst gilt es, zwischen den *Anlässen* für Neid und den *Ursachen* von Neid klar zu unterscheiden. Die Anlässe für Neid lassen sich, grob gesagt, in zwei Gruppen einteilen:

- *Reale oder empfundene Ungerechtigkeit*: Jemand wird vom Schicksal begünstigt oder von anderen Menschen. Jemand wird bevorzugt. Jemand bekommt etwas, das mir selbst genauso zustehen würde. Jemand bekommt etwas, was mir selbst viel eher zustehen würde. Jemand bekommt etwas, was er nicht verdient hat. Jemand bekommt etwas, wofür er überhaupt nichts tun musste. Mir wird etwas weggenommen und einem anderen gegeben. Mir wird etwas weggenommen, und ein anderer bekommt etwas. Mir wird etwas weggenommen, einem anderen nicht. Mir wird etwas vorenthalten, einem anderen nicht. Mir wird etwas verweigert, einem anderen nicht. Mir wird etwas zugemutet, einem anderen nicht. Ich muss mir etwas schwer erarbeiten, dem anderen fällt es einfach zu. Ich muss um etwas kämpfen, dem anderen wird es geschenkt.

- *Realer oder empfundener Mangel:* Mir fehlt etwas, und ein anderer hat es, womöglich im Überfluss. Mir fehlt etwas, und ein anderer bekommt es. Ich muss auf etwas verzichten und der andere nicht. Ich hätte gern etwas oder wünsche es mir sehnlichst, und ein anderer hat oder bekommt es. Ich habe immer wenig oder muss mit dem, was ich habe, sehr haushalten, der andere hat in Fülle oder mehr, als er braucht.

Der Zufriedene ist der Glückliche

Häufig gehen beide Anlässe allerdings Hand in Hand – ich empfinde sowohl einen Mangel als auch ein Gefühl der Ungerechtigkeit. Doch damit sind wir schon bei den tieferen *Ursachen* für Neid.

Zunächst sollten wir uns jedoch noch einmal klarmachen: *Alle Erfahrungen, Beobachtungen und Vergleiche, die Anlass zu Neidgefühlen bieten, sind wie Samenkörner, die nur dann aufgehen können, wenn in unserer Seele der Boden für sie bereitet ist.* Es muss in uns schon eine gewisse Unzufriedenheit, ein Verlangen, eine Sehnsucht vorhanden sein, damit dieser Same die für ihn notwendigen Wachstumsbedingungen findet.

Mit anderen Worten: *Ein glücklicher und zufriedener Mensch wird kein länger anhaltendes Neidgefühl empfinden.* Warum ist das so? Der zufriedene Mensch hat ja keineswegs alles, was er gern hätte. Und es geht ihm meist auch nicht in jeder Hinsicht gut. Außerdem registrieren auch zufriedene Menschen sehr wohl, was in ihrer Umgebung vor sich geht – sie sind nicht blind für die Vorteile und Vorzüge, die andere haben und genießen. Genauso wenig sind sie blind für ihre eigenen Mängel oder für irgendwelche Benachteiligungen.

Der entscheidende Punkt liegt deshalb in der *Haltung* des glücklichen Menschen, genauer: in seiner Einstellung und seinen Überzeugungen:

- Ein glücklicher Mensch ist ausgesprochen *dankbar* für das, was er hat, worüber er verfügt und was ihm alles möglich ist. Er hält nichts, was sein Leben bereichert, für selbstverständlich.

- Ein glücklicher Mensch hat nicht die Vorstellung, er wäre *noch* glücklicher, wenn er auch dies und das besäße oder erreichte – zumindest nicht dauerhaft und nicht in erheblichem Maß. Er sagt: „Wenn ich das hätte, wäre es vielleicht schön – dass ich es nicht habe, ist aber auch nicht so schlimm."

- Ein glücklicher Mensch kann anderen gönnen, was sie haben oder bekommen, weil er selbst innerlich im Einklang ist mit dem, worüber er verfügt und was ihm beschieden ist. Und weil er auch sieht, was anderen Menschen *nicht* vergönnt ist!

- Ein glücklicher Mensch hat erkannt, dass Glück niemals eine Frage des *Habens* ist, sondern der *inneren Einstellung* zu dem, was man hat – und was man nicht hat. Der Zufriedene weiß: Es liegt nicht an den Umständen, ob ich zufrieden bin oder nicht – es liegt daran, *wie ich mit diesen Umständen umgehe und wie ich sie in meinem Herzen bewerte.*

Es ist für den Umgang mit unseren Neidgefühlen oder unserer Eifersucht außerordentlich entscheidend, dass wir uns immer wieder klarmachen: „Wäre nicht schon eine latente Unzufriedenheit oder Sehnsucht in mir, so könnte das, was ich an anderen beobachte, keinen anhaltenden Neid in mir auslösen." Wer sich dieser Erkenntnis nicht stellt, wird es niemals schaffen, seinen Neid zu überwinden – er kann ihn allenfalls verdrängen. Doch Verdrängtes wirkt „unter der Decke" umso mächtiger in unserer Seele!

Welche Ursachen kann Unzufriedenheit – die Voraussetzung allen Neides – haben?

Leiden an einer ungerechten Welt

Sie beginnt schon bei der Geburt: Wir sind in einem ärmeren Elternhaus geboren, andere in einem reicheren. Unsere Eltern haben einer höheren Bildung wenig Bedeutung beigemessen – andere wurden von Kindheit an gefördert. Wir sind von Geburt an behindert – andere sind kerngesund. Ältere Jahrgänge haben Jahr für Jahr mehr Rente bekommen – bei uns wird sie gekürzt. – Bei Ungerechtigkeiten muss man allerdings unterscheiden zwischen solchen, gegen die man etwas tun kann, beispielsweise durch Protest oder politische Einflussnahme, und solchen, die im wahrsten Sinn des Wortes schicksalsgegeben sind.

In der Tat war und ist das Leiden an der Ungerechtigkeit die Triebfeder vieler sinnvoller Proteste, Aktionen und Initiativen, die tatsächlich für mehr Gerechtigkeit gesorgt haben. Ein Beispiel: Hätten sich um die Jahrhundertwende (um 1900) nicht Frauen mit Abitur dagegen aufgelehnt, dass ihnen ein Studium verwehrt wird, nur weil sie *Frauen* sind, so wäre das Studienrecht für Frauen in Deutschland möglicherweise erst Jahrzehnte später eingeführt worden, und viele Frauen hätten auf einen interessanten Beruf verzichten müssen.

Deshalb würde ich sagen: Wer Ärger oder Neid[16], der aufgrund von willkürlicher und nicht gerechtfertigter Ungerechtigkeit entsteht, in wirksamen Protest und entsprechende Aktionen fließen lässt, der geht auf eine konstruktive Weise damit

---

16 Nach meiner Erfahrung reagieren zufriedene Menschen ebenfalls sensibel auf Ungerechtigkeit (z. B. „Vetterleswirtschaft“), doch empfinden sie Ärger – keinen Neid.

um. So lassen sich möglicherweise erhebliche Verbesserungen erreichen und mehr Gerechtigkeit schaffen. Allerdings darf dieser Neid nicht zum beherrschenden Lebensthema werden!

Unzufriedenheit mit sich selbst

Die meisten von uns kommen im Lauf ihres Lebens nicht umhin, ihre eigenen Defizite, Schwächen und Mängel immer wieder schmerzlich zu erkennen. Sei es, weil wir ein Ziel nicht erreichen, sei es, weil andere, was den Beruf oder sonstige Aufgaben betrifft, an uns „vorbeiziehen“. Sei es, weil wir mit Scheitern und Niederlagen, mit Versagen und Fehlentscheidungen fertig werden müssen, sei es, weil wir uns an (zu) hohen Maßstäben messen, denen wir einfach nicht gerecht werden können. Der seelische Schmerz, den diese Differenz zwischen Soll und Haben, zwischen Wunsch und Wirklichkeit, in uns auslöst, muss von uns angenommen und verkraftet werden. Ich muss mich sozusagen in meiner eigenen Mangelhaftigkeit und Unvollkommenheit akzeptieren. Neidanfälligkeit entsteht da, wo ich mit mir selbst „im Clinch“ bin (zum Beispiel mit meinem Aussehen, meinem Gesundheitszustand, meiner familiären Situation, meiner beruflichen Entwicklung) oder wo ich mit meinem Schicksal hadere (weil ich beispielsweise rückblickend meine, von den Eltern zu wenig schulisch gefördert worden zu sein und deshalb eine falsche Berufswahl getroffen zu haben).

Leiden an geringem Selbstwertgefühl

Ein Mensch, der wenig von sich selbst überzeugt ist und sich selbst wenig Anerkennung und Wertschätzung entgegenbringt, neigt dazu, unablässig zu vergleichen und ist extrem anfällig für Neid. Warum? Weil er blind ist für seine eigenen Stärken und Vorzüge und deshalb kein *Gegengewicht* hat für all die Mängel und Nachteile, die er an sich selbst entdeckt. Darüber hinaus fehlt dem, der seine eigenen Stärken nicht erkennt, ein Gegengewicht für all die Vorzüge, die er an *anderen* entdeckt. Viele nehmen ihre eigenen Stärken zwar wahr, messen ihnen aber viel zu wenig Bedeutung oder Gewicht bei: „Das, was ich mache, tue, bin … ist doch nichts Besonderes!“

Ganz deutlich wurde mir dieser Zusammenhang bei folgendem Erlebnis: Eine sehr begabte und kreative französische Künstlerin, die leider keine Kunstakademie besuchen konnte und kein „Zertifikat“ als Künstlerin vorweisen kann, klagte mir, wie sehr sie unter diesem Mangel leide und wie minderwertig sie sich deswegen fühle. Wer sei sie schon beispielsweise im Vergleich zu mir … Ich sagte ihr, dass sie wunderbare Fähigkeiten hätte, die man sich auf keiner Universität oder Akademie aneignen könne: Sie sei sehr fantasievoll, sehr herzlich, könne Menschen mit ihrer Liebe und ihrer Hilfsbereitschaft beglücken, sie hätte eine sehr positive Ausstrahlung, die bei vielen Menschen einen tiefen Eindruck hinterlassen würde, wie ich aus zahlreichen Gesprächen wusste. Außerdem hätte alles, was sie schenkt, eine ganz persönliche, unverwechselbare Note – auch ihre künstlerischen Arbeiten (mit denen sie durchaus auch öffentlichen Erfolg hatte)! Meine Bekannte hörte dies alles mit ungläubigem Staunen an – es war ihr offenbar nicht bewusst, welche wertvollen Gaben sie besaß und wie intensiv die Menschen ihrer Umgebung diese Gaben wahrnahmen und zu schätzen wussten.

Unzufriedenheit mit der eigenen Lebenssituation

Viele Menschen leiden unter einer gewissen Leere in ihrem Leben. Dieses Vakuum füllen sie mit Vergleichen, oft auch mit Neugier gegenüber ihren Mitmenschen, die sie leicht neidanfällig machen. Noch mehr Menschen allerdings leiden unter ganz bestimmten Lebensbedingungen. Sie fühlen sich beispielsweise von den Eltern – oder Kindern! – vereinnahmt, von der Pflege Angehöriger überfordert, vom Chef ausgebeutet oder vom Partner schlecht behandelt. Doch führt dieses Leiden bei ihnen nicht dazu, dass sie sich aktiv – und beharrlich! – darum bemühen, etwas zu ändern. Warum? Häufig fehlt es an Mut und Selbstvertrauen, aber auch an Konfliktfähigkeit und Streitkompetenz. Denn: Wer etwas ändern will, muss in der Regel mit Kritik und Widerstand rechnen. Dies gilt besonders dann, wenn die, die von den Änderungen betroffen sind, ihre lieb gewordenen Gewohnheiten und Annehmlichkeiten nicht aufgeben wollen. Nicht zuletzt scheuen viele Menschen das Risiko des Unbekannten – lieber im Vertrauten verharren, das zwar frustriert und ausbrennt, als eine ungewisse Zukunft anzustreben, die möglicherweise ganz Neues abverlangt! Aus diesem Grund bleiben viele Menschen in zermürbenden Ehen und krank machenden Arbeitsverhältnissen, in überfordernden Verpflichtungen und manch anderen Bindungen, die ihnen Schaden zufügen. Doch ihre Unzufriedenheit mit der eigenen Situation macht sie neidanfällig gegenüber all jenen, die es entweder besser haben oder die den Mut haben, sich gegen Ansprüche ihrer Umwelt abzugrenzen bzw. sich aus solchen Leidenssituationen zu befreien.

Das beneidete Gut wird überschätzt

„Wenn ich einmal reich wär …“, singt der arme Milchmann Tevje in dem Musical „Anatevka“. Viele Menschen denken ähnlich: „Wenn ich so schön wäre wie die …, wenn ich so glücklich verheiratet wäre wie …, wenn ich so eine interessante Stelle hätte wie … – dann ja dann, wäre ich wunschlos glücklich.“ – Wer dies glaubt, überschätzt in aller Regel das *Ausmaß* an Zufriedenheit, das durch einen bestimmten Vorzug oder Vorteil, einen Gewinn oder eine Errungenschaft ins eigene Leben einziehen würde.[17] Wissenschaftlich bestätigt ist jedoch die Tatsache, dass der Mensch sich an alles Materielle, und sei es noch so ersehnt,

---

17 Siehe oben: Das Kennzeichen glücklicher Menschen ist, dass sie mit dem Erreichbaren zufrieden sind und nicht permanent von etwas träumen, was sie nicht haben.

spätestens nach drei Monaten restlos gewöhnt hat, so dass sich das persönliche Glücksgefühl wieder ganz auf dem alten Niveau einpendelt. Gleiches gilt – ebenfalls wissenschaftlich nachgewiesen – für sehnlichst erträumte berufliche Positionen. Eine Studie zeigte: Schon nach kurzer Zeit hatten sich die zunächst überglücklichen Stelleninhaber an ihre neue Stelle gewöhnt – und waren in der Folgezeit im Durchschnitt keineswegs zufriedener als jene, die den Posten nicht ergattert hatten. – Ein Sprichwort bringt es auf den Punkt: „Neid macht aus Halmen Palmen!"

Der Preis für das beneidete Gut wird unterschätzt

Viele Menschen sehen zwar den Erfolg oder die Errungenschaft, um den oder die sie ihren Nächsten beneiden – doch die „Rückseite der Medaille" sehen sie nicht: die großen Opfer, die damit verbunden sind. Ich meine damit nicht in erster Linie die materiellen Kosten, die man eventuell einschätzen kann, sondern die unsichtbaren, seelischen Kosten für den betreffenden „Glückspilz". Wer beispielsweise hohe Stufen auf der Karriereleiter erklimmt, bezahlt oft im Privatleben den Preis, dass die Familie völlig ins Hintertreffen gerät, was nicht selten die Scheidung zur Folge hat.[18] Wer es durch seine Arbeit zu einer gewissen Berühmtheit bringt, verliert immer mehr seine Privatsphäre und wird zu einer „Person des öffentlichen Interesses", was zwar Annehmlichkeiten mit sich bringt, aber auch eine erhebliche Freiheitsberaubung bedeutet. Paare, die sich durch unermüdliches Arbeiten den Traum von den eigenen vier Wänden erfüllten, stehen oft wenige Zeit später vor den Trümmern ihrer Ehe – man hatte keine Zeit mehr, die Beziehung zu pflegen, sich umeinander zu kümmern. Eltern, die sich abrackerten, damit ihre Kinder „es besser haben", merken oft viel zu spät, dass sie dadurch die Nähe zu und den Einfluss auf ihre Kinder verloren haben, sodass diese Wege gehen und Dinge tun, die ganz und gar nicht im Sinn der Eltern sind und oft zu viel Leid und Konflikten führen.

Doch die neidvolle Umwelt sieht nur, was vor Augen ist – sie orientiert sich an der Fassade, und die ist oft lange Zeit sehr glänzend. Wüssten wir,

18 Vgl. das diesbezüglich sehr erhellende Buch von J. Czwalina und A. Walker, Karriere ohne Sinn? – Der Manager zwischen Beruf, Macht und Familie, Gräfelfing, 2. Aufl. 1998.

welch hohen Preis diejenigen bezahlen oder bezahlt haben, die wir beneiden, würden wir sicher in vielen Fällen ehrlich sagen: „Dann lieber nicht“, oder: „Mit dir möchte ich wirklich nicht tauschen!“

Neid ist ein Alarmsignal der Seele – so wie Schmerz ein Alarmsignal des Körpers ist. Es macht uns darauf aufmerksam, dass etwas mit uns nicht in Ordnung ist. Es kann uns darauf hinweisen,

- dass wir seelisch nicht im Lot sind;
- dass uns etwas oder jemand nicht gut tut;
- dass uns etwas schleichend zerstört;
- dass uns etwas oder jemand überfordert;
- dass uns etwas Wesentliches fehlt;
- dass wir nicht pfleglich und angemessen mit uns umgehen;
- dass wir eine einseitige Wahrnehmung haben;
- dass es uns an Selbstwertgefühl mangelt;
- dass … (bitte ergänzen Sie, was Ihnen noch einfällt).

Wir sollten dieses Alarmsignal auf jeden Fall ernst nehmen und das Problem nicht in erster Linie bei anderen Menschen oder bei den Umständen suchen, sondern bei uns selbst.

Die Folgen des Neides

Zunächst einmal kann Neid, wie bereits angedeutet, durchaus positive Folgen haben, indem er Kräfte in uns mobilisiert, die zu Veränderung und Verbesserung führen. Im besten Fall wird der Neid zum Ansporn in doppelter Hinsicht:

– Wir werden dazu animiert, uns ein ähnliches Ziel zu setzen: „Wenn *du* das schaffst, kann ich das auch!" – „Wenn *die* sich das zutrauen, können wir das auch probieren!" – „Das könnte ich eigentlich auch machen; es ist nie zu spät!"

– Wir werden dazu angeregt, den tieferen Ursachen unseres Neides nachzugehen, uns selbst besser kennenzulernen und weiterzuentwickeln.

Doch wir alle kennen aus eigener und fremder Beobachtung andere, negative, ja gefährliche und zerstörerische Konsequenzen des Neides, und zwar in mehrerer Hinsicht.

Neid vergiftet die Beziehung zu dem, den wir beneiden

Dabei gibt es drei Möglichkeiten:

– Wir zeigen unseren Neid offen und machen deutlich, dass wir dem anderen seinen Vorteil nicht gönnen oder dass wir sogar darum kämpfen, ihm dieses Gut (wieder) zu entreißen. Diese „Kampfansage" führt augenblicklich zum Bruch.

– Wir versuchen, unseren Neid zwar vor dem anderen zu verbergen, ihn aber durch üble Nachrede, Intrigen und heimliche Aktivitäten zu schädigen bzw. ihm das beneidete Gut abspenstig zu machen.[19]

– Wir verbergen unseren Neid und unternehmen auch nichts gegen den Beneideten. Dennoch ist die Beziehung vergiftet, denn ich kann dem anderen nicht mehr unbefangen und offen gegenübertreten. Mein ganzes Verhalten, meine Äußerungen und Reaktionen sind davon geprägt, dass ich einerseits ein starkes negatives Gefühl habe, es andererseits

19 Siehe auch die Mutter von Schneewittchen, die in ihrem Neid auf die Tochter diese im wahrsten Sinn des Wortes zu vergiften versucht – allerdings verkleidet als harmlose alte Frau!

aber nicht zeigen möchte (allerdings äußert es sich oft indirekt in spontaner Aggressivität, überzogener Kritik oder abfälligen Kommentaren).

Die Folge: Ich muss heucheln und bin gespalten, und diese Spaltung führt auch zu einem unsichtbaren Riss in der Beziehung. Der Neid ist wie ein stetiger unterirdischer Aushöhlungsprozess, der das einstmals stabile Fundament unserer Verbundenheit langsam, aber sicher unterhöhlt. Irgendwann, bei größerer Belastung, wird er es zum Einsturz bringen. Deshalb lesen wir schon im Alten Testament: „Iss nicht bei einem Missgünstigen und wünsche dir von seinen feinen Speisen nichts. Denn in seinem Inneren ist er berechnend; er spricht zu dir: ‚Iss und trink!' – ohne es dir im Herzen zu gönnen" (Sprüche 23,6).

Neid vergiftet die Beziehung zu uns selbst

Auch hier sind gleich mehrere Wirkmechanismen am Werk:

– Durch Neid lenken wir unser Augenmerk auf das, was in unserem Leben unbefriedigend, unzureichend oder nicht gelungen ist. Damit beschäftigen wir uns unablässig mit negativen, frustrierenden Aspekten. Schließlich driftet unser ganzes Denken und Fühlen ins Negative ab, und wir sind immer weniger in der Lage, unsere Aufmerksamkeit auch auf das Erfreuliche, Gelingende und Positive zu lenken. In diesem Sinn ist Neid eine der intensivsten und nachhaltigsten *Formen von Selbstbestrafung*. Das kommt auch in dem Spruch zum Ausdruck: „Neid ist die Angewohnheit, statt der eigenen Glücksgüter die der anderen zu zählen!"

– Durch Neid vertiefen wir unsere eigenen Minderwertigkeitsgefühle, da wir ja für das Positive an und in uns selbst gar keinen Blick mehr haben.

– Neid beinhaltet eine seelische Spannung (= Stress), die auch eine körperliche Anspannung (= Stressreaktion) nach sich ziehen kann, wie schon die Weisheitslehrer des Alten Testaments wussten. Die Aussage „Neid ist Eiter in den Gebeinen" (Sprüche 14,30) bedeutet: Neid dringt unter Umständen bis in die körperliche Grundsubstanz des Menschen vor und greift sie an. Ebenso gravierend sieht Sirach (30,24) die Auswirkungen des Neides: „Neid und Zorn verkürzen die Tage", sprich: Sie sind für den Körper so belastend, dass die Gesundheit langfristig davon beeinträchtigt wird. Auch die Redewendungen „blass vor Neid“ (bei Stress verringert sich die Durchblutung der Haut), „platzen vor Neid“ (durch die Wut entsteht seelischer Druck, evtl. auch Bluthochdruck) oder „gelb vor Neid“ (weil jemandem vor Zorn „die Galle hochkommt“) weisen auf möglicherweise massive körperliche Auswirkungen von Neidgefühlen hin.

– Die angespannte, freud- und friedlose Ausstrahlung neidvoller Menschen führt dazu, dass man ihrer Gesellschaft unwillkürlich ausweicht, weil sie meist nur Negatives erzählen. Außerdem fürchtet man, auch zur Zielscheibe ihres Neides zu werden! Diese Vermeidungs- und Rückzugsreaktionen der Umwelt führen zu weiteren Frustrationen und Enttäuschungen bei den Neiderfüllten.

Neid vergiftet die Beziehung zu Gott

Bewusst oder unbewusst erwarten glaubende Menschen von Gott eine gewisse „Gerechtigkeit“, und wer das Gefühl hat, im Leben zu kurz zu kommen, lastet dies mit hoher Wahrscheinlichkeit auch Gott an. Die Frage quält uns: „Wie kann Gott das zulassen, dass es mir/uns so schlecht geht und dem/den anderen so gut?“ – Das ist eine Frage, die schon der Beter des 73. Psalms kannte. Er, ein frommer Mann, hat den Eindruck, dass denen, die sich um Gott nicht kümmern, das gute Leben geradezu in den Schoß fällt! Er schreibt sehr offen: „Ich aber (…) wäre fast (darüber) gestolpert, mein Tritt wäre beinahe ausgeglitten. Denn ich war eifersüchtig auf die Prahlenden, als ich sah, dass es den Gottlosen so gut ging …“ (Vers 2f). – Neid vergiftet oder belastet deshalb die Beziehung zu Gott, weil das Vertrauen in Gottes Güte sich immer mehr in Misstrauen wandelt: Möglicherweise meint Gott es doch nicht gut mit mir – zumindest nicht so gut wie mit dem oder den anderen … Wer in einem solchen Denken verharrt, wird blind für das Gute, das ihm geschenkt ist.[20]

Darüber hinaus führt eine Barriere zwischen uns und einem Mitmnschen auch zu einer Barriere zwischen uns und Gott. Martin Buber sagte einmal

20 Vgl. die Fortsetzung von Psalm73: Der Beter bleibt in seiner Unzufriedenheit gerade nicht stecken, weil er in intensivem Gespräch mit Gott ist!

treffend: „Die Tür zu Gott und die Tür zum Mitmenschen gehen gemeinsam auf und gemeinsam zu.

Neid ist ein Gefühl, das jeden Menschen gelegentlich überkommt. Doch wer sich mit diesem Gefühl nicht kritisch auseinandersetzt, fügt sich selbst schwersten Schaden zu. Anders gesagt: Der neidvolle Mensch bestraft auf jeden Fall eine Person – sich selbst, und zwar sowohl körperlich als auch seelisch.[21]

21 Dies ist eine Parallele zur Haltung des Nicht-vergeben-Wollens: Auch hier bestraft der Grollende nicht den anderen, sondern im Grunde nur sich selbst, vgl. mein Buch „Das verzeih ich dir nie! Kränkungen überwinden, Beziehungen erneuern", Wuppertal/Witten 2006.

Wie wachsen wir über den Neid hinaus?

Um es mit den (abgewandelten) Worten von Martin Luther zu sagen: „Du kannst nicht verhindern, dass die Vögel des Neides um dein Haupt fliegen, doch du kannst verhindern, dass sie ein Nest auf deinem Kopf bauen!“ *Allerdings: Uneingestandener Neid kann nicht überwunden werden.* Ich schlage deshalb folgende Schritte in unserem Umgang mit eigenem Neid vor:

Den eigenen Neid wahrnehmen und annehmen – auch den damit verbundenen Schmerz!

Nur was wir eingestehen, können wir auch verstehen. Nur was wir zulassen, können wir auch loslassen! Dass dieses Zulassen mit Schmerz und Trauer, mit Enttäuschung, Zorn oder Scham verbunden sein kann, müssen wir akzeptieren und aushalten. Denn: Neid, den wir uns selbst *nicht* eingestehen, weil unser Stolz oder unsere Frömmigkeit es verbieten, nagt weiter an uns und vergiftet unsere Seele und unser Leben immer mehr.

Sich fragen: Auf welchen tieferen Schmerz will mein Neid mich hinweisen?
Neid ist ein Symptom, und darunter verbergen sich tiefer liegende Problemzonen oder wunde Punkte, vielleicht auch (schlecht verheilte) Narben unserer Seele aus früheren Zeiten, die wir genauer anschauen sollten. Wenn wir merken, dass wir mit dieser Aufgabe allein überfordert sind, sollten wir uns nicht scheuen, einen – eventuell auch professionellen – Helfer oder Begleiter einzubeziehen, der uns auf diesem Weg unterstützt.

Arbeit auf der richtigen Baustelle: In mir selbst liegt der Schlüssel zur Zufriedenheit!
Auf die Dauer verringern wir unseren Neid oder unsere Neidanfälligkeit am wirkungsvollsten dadurch, dass wir die Zufriedenheit *mit uns selbst und unserem eigenen Leben* steigern. Wer sich an dem freut, was er hat, und sich der Chancen und Möglichkeiten bewusst ist, die in der eigenen Lebenssituation enthalten sind, der kann auch gelassen akzeptieren, dass andere es in manchem leichter oder besser haben. Mein persönlicher Leitsatz dazu stammt von dem griechischen Philosophen Sokrates, der einmal sagte: „Wie vieles gibt es

doch, das ich nicht nötig habe!" Ich bin mit dem, was ich habe, zufrieden, weil ich weiß: Das wahre Glück liegt letzten Endes in mir selbst. Ich kann alles im Leben als Möglichkeit sehen, zu lernen, zu wachsen, mich zu entwickeln – auch das Schwere, auch schwierige Mitmenschen und schwierige Situationen. Und ich kann dadurch einen Reichtum in mein Leben bringen, der mit materiellen Vorteilen und käuflichen Gütern niemals zu erlangen ist. Diese Einstellung setzt allerdings auch eine gewisse innere Unabhängigkeit von den vorwiegend materiellen und am Sichtbaren orientierten Werten unserer Gesellschaft voraus.

Arbeit am eigenen Selbstwertgefühl: Ich habe auch meine Stärken!

Menschen, die an sich selbst vor allem das Misslungene, Schwache, Unvollkommene und Minderwertige sehen, können schwer mit sich „im Frieden", also zufrieden sein. Es ist deshalb unbedingt notwendig, den klar erkannten (manchmal aber auch nur eingebildeten!) eigenen Defiziten oder Fehlern auch die eigenen Stärken, Gaben und Verdienste gegenüberzustellen. Ein selbstbewusster Mensch sagt nicht: „Ich bin so toll, ich habe keine Schwächen!“, sondern er sagt: „Ich weiß sehr wohl um meine Fehler und Schwächen, aber ich weiß auch, wo ich begabt bin, was mir gut gelingt, und *darauf* gründet sich mein Einverstandensein mit mir.“ – Aus dem Wissen um die eigenen Stärken erwächst auch die Kraft, anderen ihre Vorzüge und überlegenen Qualitäten zuzugestehen, ja, sie sogar offen und reinen Herzens anerkennen zu können.

Die eigene Beobachtung schärfen: Es ist nicht alles Gold, was glänzt!

Viele Menschen sind neidanfällig, weil sie sich allzu leicht und schnell von der Fassade anderer Menschen blenden lassen. Eine alte, erfahrene Frau sagte einmal zu mir: „Unter jedem Dach ist ein Ach!“ – Ja, man kann und muss davon ausgehen, dass wir immer nur, wie bei der Sichel des Mondes, einen kleinen Ausschnitt sehen, der uns beeindruckt oder unseren Neid erweckt, das große Ganze ist uns jedoch verborgen.[22] Und dieses Gan-

---

22 Vgl. den Vers: „Seht ihr den Mond dort stehen, er ist nur halb zu sehen, und ist doch rund und schön. So sind wohl manche Sachen, die wir getrost belachen, weil unsre Augen sie nicht sehn“ (Matthias Claudius, aus: „Der Mond ist aufgegangen“).

ze kann sehr viel Leid und Kummer enthalten, von dem wir nichts ahnen. Da es in unserer Gesellschaft jedoch auch das Leitmotto gibt, immer „gut drauf“ zu sein und stark zu wirken, verwenden viele Menschen viel Energie darauf, ihrer Umwelt eine strahlende und möglichst makellose Fassade zu bieten, frei nach dem Operetten-Motto: „… doch wie's da drinnen aussieht, geht niemand was an.“

„Ich habe immer so viel zu danken …“

Vor einiger Zeit las ich den Lebensbericht einer Frau, die mit ihrem Mann ein Gut in Ostpreußen verwaltete.[23] Ihr Mann, Hans von Wedemeyer, schloss sich schon 1932 dem Widerstand gegen Hitler an, was enorme Gefahren und seelische Belastungen mit sich brachte. Er starb 1942 an der russischen Front. Seine Frau schreibt: „Aus einer Zeit voller Sorgen und Nöte stammt sein Wort, das mich immer begleitet hat: ‚Ich habe immer so viel zu danken, dass mir für Bitten gar nicht genug Zeit übrig bleibt.‘“ – Hier hat ein Mensch die Quelle seiner Kraft deutlich benannt: Es ist die Fähigkeit,

---

23 Ruth von Wedemeyer, In des Teufels Gasthaus, Brendow Verlag, Moers 1999

nichts, was uns vergönnt oder gewährt ist, was uns gelingt oder was wir besitzen, für selbstverständlich zu halten, sondern ein Geschenk darin zu sehen. Ein Geschenk, für das man, auch wenn man persönlich viel dafür getan und aufgewendet hat, letzten Endes nur danken kann. – Neid ist eine zerstörerische Kraft, die Menschen und Beziehungen spaltet und damit zerstört. Doch wer dankbar ist, hat für Neid keinen Raum in seinem Herzen – oder kann ihn, wenn er sich einnisten möchte, wieder vertreiben.

Neid und Glaube

Menschen, die „bewusst, von ganzer Seele und mit all ihrer Kraft“ mit Gott leben und ihm vertrauen, haben es meines Erachtens leichter, dankbar – und damit wenig neidanfällig – zu sein[24], und zwar aus mehreren Gründen:

- Alles, was Gott von uns verlangt, sagt Jesus, ist in den folgenden zwei Weisungen enthalten: „Du sollst Gott lieben von ganzem Herzen, von ganzer Seele und mit all deiner Kraft. Das andere ist dem gleichzusetzen: Du sollst deinen Nächsten lieben wie dich selbst“ (Lukas 10,25–28). Das bedeutet: Es ist Gottes Wille und Ziel für unser Leben, dass wir mit ihm, mit unserem Nächsten und mit uns selbst im Einklang, also einverstanden und im Frieden sind.[25] Sicher:

24 Ob sie es auch wirklich sind, ist allerdings eine ganz andere Frage. Ich beobachte, dass auch in christlichen Kreisen eine große Neidanfälligkeit besteht, die eher auf geheime Unzufriedenheit und fehlende Freude am Leben und an der eigenen Person schließen lässt. Auch ein unbewusstes Leistungsdenken spielt hier oft eine große Rolle.

25 Man kann das hebräische „Schalom“ auch mit „Heilsein“ übersetzen.

Unsere Unzufriedenheit kann manchmal ein wichtiger Motor sein, um etwas zu verändern. Doch wenn sie chronisch wird, stimmt in unseren grundlegenden Beziehungen etwas nicht.

- Jesus sagt: „Ich bin gekommen, damit sie das Leben und volle Genüge haben sollen" (Johannes 10,10). Ich verstehe diese Äußerung so, dass Jesus uns nicht nur ein ausgefülltes, sondern ein *erfülltes* Leben mit ihm verheißt. *Was* dieses erfüllte Leben beinhaltet, weiß er sicher besser als wir, und nicht immer sind die Wege, die er uns führt, angenehm und ohne Weiteres verständlich. Doch das Vertrauen in diese Zusage kann eine tiefe innere Gelassenheit schenken, die zu einem entspannteren Leben führt. Denn dann müssen wir uns nicht mehr dauernd die Frage stellen, ob das, was wir aus unserem Leben machen oder „vom Leben haben", wirklich genügt. Dann müssen wir nicht dauernd in der Angst leben, wir könnten etwas Wesentliches versäumen oder nicht genügend Genuss und Freude finden.
- Einer der Jünger fragte Jesus einmal forsch, was sie, die Jünger, eigentlich davon haben, dass sie ihm nachfolgen und dafür alles aufgeben. Jesus antwortete: „Ihr könnt euch sicher sein, dass ihr

dafür reichen Lohn habt – hier in diesem Leben schon, aber dann auch in der Ewigkeit“ (Matthäus 19,29). Der „Lohn“ besteht nicht unbedingt in materiellem Gewinn, Reichtum und Ansehen, sondern in etwas viel Kostbarerem, nämlich in dem Wissen, dass unser Leben nicht nur ein Ende, sondern auch ein Ziel hat, nämlich eines Tages heimzukehren zu Gott. Der Lohn besteht in dem Wissen, in all unseren Ängsten und Sorgen nicht allein zu sein. Jesus sagt, dass Angst – und Neid ist ja immer mit Angst verbunden – zu diesem Leben dazugehört, doch dass wir darin nicht stecken bleiben oder gar versinken müssen (Johannes 16,33). Mit anderen Worten: Wir können uns zwar nicht am eigenen Schopf aus dem Sumpf unserer Neidgefühle ziehen, doch die Verbindung mit Jesus bietet uns einen Halt, der uns hilft, unsere innere Unzufriedenheit zu überwinden.

- Glaubende Menschen sind Menschen, die im Laufe ihres Lebens mit Gott immer mehr erkennen, was ihre Seele braucht, um *wirklich glücklich* zu sein:
  – die Liebe zu Gott als Basis dafür, auch sich selbst liebevoll anzuschauen und anzuneh-

men – und sich weder zu verdammen noch zu überschätzen;
- die Liebe zu Gott *und* zu sich selbst. Das ist die Grundlage, um auch den *Nächsten* annehmen und bejahen zu können. Denn auch das kann langfristig nur gelingen, wenn wir die Person des anderen *grundsätzlich* anerkennen und so den Spaltpilz der Missgunst immer wieder ausmerzen.

• Glaubende Menschen leben in engen und engagierten Beziehungen mit anderen Menschen, die von gegenseitigem Vertrauen, aber auch von Verantwortung füreinander geprägt sind: „Einer trage die Last des anderen!“, empfiehlt Paulus in einem Brief (Galater 6,2). Wer nicht nur des anderen Glück mit ansieht, sondern auch des anderen Last mitträgt, wird kaum auf die Idee kommen, ihn dauerhaft zu beneiden.

• Glaubende Menschen, die erkannt haben, worin *das wahre Glück und der Sinn des Lebens* bestehen, werden im Lauf ihres Lebens unabhängiger und souveräner: Sie lassen sich nicht alles Mögliche als „Lebensglück“ verkaufen. Dadurch reduziert sich ihre Neidanfälligkeit, denn sie spüren deutlich, dass Jesus recht hatte, als er fragte:

„Was würde es dem Menschen nutzen, wenn er die ganze Welt gewinnen könnte, dabei aber an seiner Seele schweren Schaden nimmt?“ (Matthäus 16,26).

„Ach ja“, wird jetzt mancher Leser, manche Leserin seufzen, „schön wär's, wenn es unter (uns) Christen so neidfrei zuginge!“ Warum gibt es auch unter den Gläubigen viele, die ähnlich wie der ältere Sohn in Lukas 15 mit unterschwelligem Neid oder mit Eifersucht reagieren, beispielsweise …

… auf jene, die sich mehr Freiheiten und Genuss im Leben erlauben oder erlaubt haben als sie selbst;

… auf jene, die ihnen in irgendeinem Punkt überlegen sind;

… auf jene, die es im Leben möglicherweise „weiter gebracht“ haben;

… auf jene, die sich in der Gemeinde größeren Ansehens erfreuen oder eine wichtige Rolle spielen;

… auf jene, die ihnen „die Schau stehlen“;

… auf jene, die … *(Bitte ergänzen Sie selbst!)*

Meine Antwort: Christen, die gegenüber anderen Menschen von Neidgefühlen bestimmt werden, lassen sich mit dem älteren Sohn aus Lukas 15 vergleichen: Sie leben nicht aus tiefster Überzeugung und voller Vertrauen „im Haus des Vaters“, sondern eher aus der Angst vor den Konsequenzen, die sie befürchten, wenn sie ausbrechen würden. Dieser mehr von Mutlosigkeit und Halbherzigkeit anstatt von Überzeugung und Entschiedenheit geprägte Glaube ist in Wirklichkeit keine vertrauensvolle Beziehung. Hier wird Glaube mit „moralischer Anständigkeit“ verwechselt, die nichts von der Freude weiß, mit und für Gott leben zu dürfen. Solche – meist wenig fröhlichen und genussfähigen – Christen sind für ihre Umgebung eher abschreckend als einladend. Darüber hinaus zeigen neiderfüllte Christen, dass sie (noch) weit entfernt sind von einer Entwicklung, wie ich sie weiter oben skizziert habe – ihr Glaube führt nicht zu jener Erneuerung des Geistes, von der Paulus so oft und so selbstverständlich spricht![26]

Es wäre sinnvoll, mit ihnen über diese Fragen ins Gespräch zu kommen – sofern sie dafür aufgeschlossen sind.

---

26 Die tieferen Gründe dafür habe ich in meinem Buch „Du bist gut genug!“ (Wuppertal 2005) näher analysiert.

… und wenn die anderen neidisch sind?

Immer wieder werde ich gefragt: Was kann ich tun, um nicht die Zielscheibe von Neid zu sein? So hart es klingt: Dagegen kann man in vielen Fällen nichts tun.

Wenn ein Mensch den „Virus“ des Neides in sich hat, kann er sich nur selbst behandeln, wir können es nicht stellvertretend für ihn tun! Einige Tipps kann man trotzdem beachten:

- Verzichten Sie auf Überheblichkeit und Prahlerei. Auch eigene Erfolge besonders zu betonen ist unklug, denn es fördert Missgunst!
- Versuchen Sie, trotz der eigenen Vorteile oder Errungenschaften „auf dem Teppich“ zu bleiben. Damit ist nicht gemeint, die eigenen Stärken oder Güter zu verbergen. Es sollte aber deutlich werden, dass Sie sich trotz dieser Vorteile oder Vorzüge nicht *über* die anderen stellen.

- Menschen sind auch durch ihre offen zugegebenen Schwächen sympathisch, nicht allein durch ihre Vorzüge! Wer niemals Fehler oder Defizite einräumt, sondern nur seine Schokoladenseite nach außen präsentiert, zieht eher Neid und Ablehnung auf sich.
- Großzügigkeit ist wichtig. Wer großzügig und diskret hilft oder abgibt (ohne damit den anderen zu demütigen), dem wird auch eher etwas gegönnt.
- Machen Sie deutlich, dass andere den Glücksgewinn, der mit dem beneideten Gut verbunden ist, unter Umständen gewaltig überschätzen. Lassen Sie Ihre Umgebung erkennen, welchen *Stellenwert* das Gut, um das Sie beneidet werden, für Sie hat.
- Weisen Sie andere Menschen ausdrücklich auf deren Vorzüge, Güter, Erfolge und Stärken hin, so dass sie die Glücksgüter ihres eigenen Lebens erkennen und genießen können.

Zum Abschluss sei noch ein orginelles Mittel der Neidbekämpfung von Wilhelm Busch zitiert:

Nachbar Nickel ist verdrießlich,
Und er darf sich wohl beklagen,
Weil ihm seine Pläne schließlich
Alle gänzlich fehlgeschlagen.

Unsre Ziege starb heut Morgen.
Geh und sag's ihm, lieber Knabe!
Dass er nach so vielen Sorgen
Auch mal eine Freude habe.

Wenn Sie der Verfasserin schreiben möchten:

Dr. Beate M. Weingardt
Am Keltengrab 20
72072 Tübingen

beate.weingardt@t-online.de